Ambassades à Byzance

Liutprand de Crémone

Ambassades à Byzance

Traduit du latin par
Joël Schnapp

Présentation et annotation par
Sandrine Lerou

ANACHARSIS

Nous tenons à remercier Madame Monique Goullet pour ses relectures de la traduction des récits de Liutprand.

*Ouvrage publié avec le concours
du Conseil régional Midi-Pyrénées*

ISBN : 2-914777-17-5

Diffusion-distribution : Les Belles Lettres

Illustration de couverture : *L'empereur Michel VII Doukas*, manuscrit du XIe siècle. Cliché © Bibliothèque nationale de France, Paris

© Anacharsis Éditions, 2004
7, chemin du Boulodrome
31200 Toulouse
www.Anacharsis.com

Car alors ils frémiront de stupeur devant ta grandeur, et ils fuiront devant toi comme devant le feu ; leurs lèvres seront bridées et comme des flèches tes propres mots les blesseront à mort. Tu dois leur paraître terrible, et devant ta face ils seront saisis de tremblements. Le Pantokrator te couvrira d'un bouclier, et ton Créateur te sera compatissant ; Il guidera tes pas et te posera sur une sûre fondation. Ton trône sera devant Lui comme le soleil, Ses yeux seront sur toi, et aucun mal ne pourra t'atteindre parce qu'Il t'a choisi et placé à part dès le sein de ta mère. Il a déposé sa royauté en toi, le meilleur de tous les hommes, et t'a placé comme un refuge sur une hauteur, comme une statue d'or sur un sommet ; Il t'a dressé comme une cité sur une montagne, de telle sorte que les peuples t'apportent leurs présents et que ceux qui habitent sur la terre se prosternent devant toi.

Constantin VII Porphyrogenète, préambule à l'adresse de son fils Romain dans le *De administrando Imperio*

Je suis l'Empire à la fin de la décadence,
Qui regarde passer les grands Barbares blancs,
En composant des acrostiches indolents
D'un style où la langueur du soleil danse.

Paul Verlaine, « Langueur »

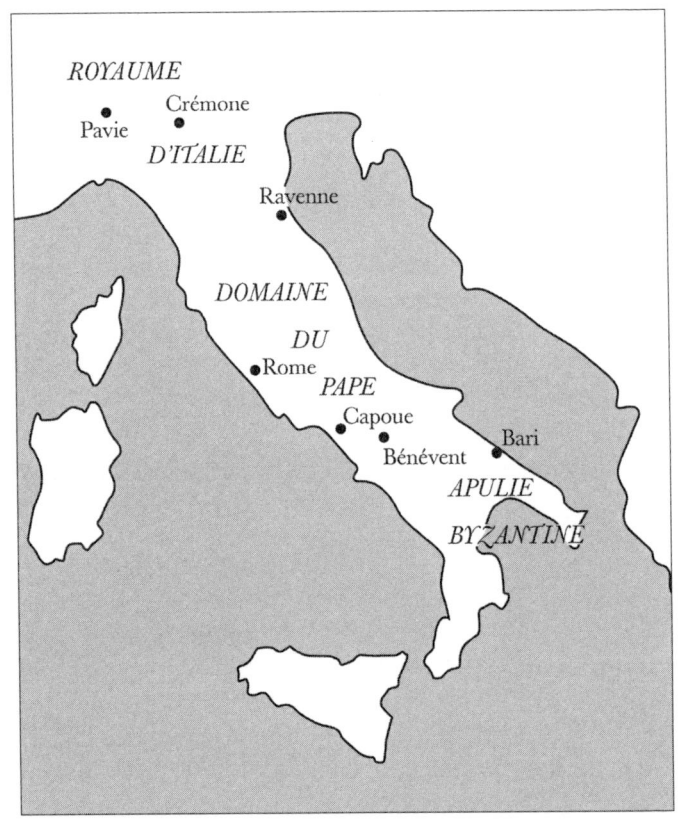

Carte sommaire de l'Italie à l'époque de Liutprand

Présentation
par Sandrine Lerou*

Qu'il nous soit donné de pénétrer au cœur de la cour de Constantinople au milieu du Xe siècle est chose rarissime. Ils furent pourtant nombreux à venir dans la capitale de l'Empire romain (devenu hellénophone et communément nommé «byzantin», afin de le distinguer de l'ancien empire de Rome) visiter le *basileus*, l'empereur, reflet de Dieu sur terre, dont la puissance, depuis le Bosphore, s'étendait des rives du Danube à l'Italie du Sud et de l'Adriatique aux contreforts du Caucase, et se faisait sentir plus loin encore. On venait dans la «Reine des villes» d'Italie, de Germanie, de Bulgarie, ou de Bagdad, et encore du califat de Cordoue en Espagne, de Kiev, de Novgorod et de Scandinavie, des plaines d'Asie centrale ou d'Angleterre. On y négociait des privilèges commerciaux, on y cherchait une légitimité politique, ou même une couronne; on y venait demander alliance ou protection, y déclarer la guerre ou proposer la paix. Mais le souvenir de ces foules venues de tous les horizons, convergeant vers le Grand Palais de Constantinople, s'est évanoui, recouvert par l'accumulation des stéréotypes qu'évoque aujourd'hui le seul nom de Byzance : un empire en perpétuelle décadence, dont les acteurs

* Avec la collaboration de Frantz Olivié.

prennent volontiers la pose hiératique d'icônes impavides et se passionnent autant pour le luxe et le clinquant des joyaux sertis dans du fil d'or que pour les intrigues alambiquées.

Liutprand (Lieutprand, Luizo, Louis), évêque de Crémone, pénétra par deux fois à la cour de Byzance, et les récits saisissants qu'il a livrés de ses ambassades jettent un éclairage singulier sur ce monde enfoui.

On ne connaît de la vie de Liutprand que ce qu'il a bien voulu en dire dans ses œuvres. Il est né autour de 920, sans doute à Pavie, dans une famille de diplomates membres de la cour lombarde d'Hugues d'Arles, roi de Provence et d'Italie (vers 880-947). Il a servi tour à tour, avec des fortunes changeantes, ce même Hugues, puis son vainqueur, Bérenger, marquis d'Ivrée (vers 900-966), avant de devenir l'homme d'Otton Ier (912-973), chef de la Maison de Saxe et roi des Francs, bientôt «empereur auguste» couronné à Rome en 962.

La carrière de Liutprand évolua ainsi au gré des alternances du pouvoir que les différents princes de l'époque se disputaient sur les terres italiennes. La Péninsule, depuis la disparition de l'Empire carolingien, était en effet le théâtre de la compétition ouverte pour le titre vacant d'empereur d'Occident. Entre le Nord, morcelé en principautés lombardes, et le Sud byzantin attaqué par les musulmans de Sicile ou de Tunisie, Rome et son pape demeuraient les pièces maîtresses de l'enjeu, en vertu du couronnement fondateur de Charlemagne, le 25 décembre de l'an 800. Ce sont les imbroglios politiques consécutifs à une situation de plus en plus complexe qui mènent Liutprand à deux reprises à Constantinople, en 949 et 969/970. D'abord pour y faire reconnaître Bérenger roi d'Italie, puis, vingt ans plus tard, pour y négocier un mariage entre Otton II, le fils d'Otton Ier, et une princesse byzantine.

À sa mort, survenue peu après vers 972-973, il laisse des écrits de quelque renom. L'*Historia Ottonis*, notamment, composée après 962, fit de lui l'historien officiel des empereurs germaniques. Avec l'*Antapodosis*, ou *La Rétribution*, un texte probablement antérieur, il règle ses comptes avec Bérenger. Dans cette œuvre, qui connut un certain succès à en juger par le nombre de manuscrits conservés, Liutprand s'applique à infliger à Bérenger la juste «rétribution» qu'il mérite, selon lui, pour les «calamités» dont il a été cause pour lui et sa famille ; on ignore cependant ce qui exactement a opposé Liutprand à Bérenger. Mais c'est au retour de sa seconde ambassade qu'il rédige son texte le plus célèbre sans doute, la *Legatio ad imperatorem Constantinopolitanum Nicephorum Phocam* (*Ambassade auprès de l'empereur de Constantinople Nicéphore Phocas*), une œuvre inachevée dont on ignore la nature exacte, et qui brille parmi les textes les plus féroces des belles-lettres du Moyen Âge occidental contre Byzance.

Le chapitre VI de l'*Antapodosis* et la *Legatio* dans son entier constituent les deux récits d'ambassade de Liutprand. Ils ont ceci de précieux, d'abord, qu'ils raniment les couleurs du vivant de la cour byzantine, que l'on serait bien en peine d'aller trouver ailleurs. Par la grâce d'une plume alerte, c'est de plain-pied que l'on entre avec lui dans les salles de réception du Grand Palais. On assiste ainsi véritablement à ses côtés aux banquets, on hume les fumets des plats relevés que l'on y sert, on perçoit les intonations variées des conversations, et il est jusqu'au silence des solennités qui nous devient parfois comme palpable. Les relations des deux ambassades ont surtout ceci de remarquable que, par le contraste radical qui les oppose, entre l'émerveillement ressenti lors de la première et la répulsion issue de la seconde, elles illustrent et ramassent presque à elles seules les sentiments mélangés de fascination et de détestation qui habitèrent l'Occident à l'endroit du monde oriental des siècles durant.

Ce petit livre se propose avant tout d'offrir une lecture accessible des récits de Liutprand, et de fournir un certain nombre d'éléments sur le contexte, et sur le sens des débats, souvent ambigu, lors des négociations. Car au-delà d'un épisode diplomatique circonstancié, où les jeux du non-dit, du double sens et du sous-entendu sont de règle pour faire valoir les principes de la souveraineté universelle opposant deux empires, c'est l'affrontement entre les deux mondes qui surgit.

*

Le récit de la première ambassade de Liutprand à Constantinople, en 949, occupe le livre VI de l'*Antapodosis*. Liutprand venait d'entrer au service de Bérenger. Il avait été auparavant vassal d'Hugues d'Arles, ou de Provence, qui avait essayé d'étendre sa domination sur Rome, dont il avait besoin pour ranimer l'Empire. Mais Hugues s'était heurté aux princes italiens, d'origine lombarde pour certains, et à leur volonté d'indépendance, qui ne pouvait être garantie que par un jeu subtil et compliqué d'alliances et de contre-alliances avec les rois d'Italie, les empereurs de Byzance et Rome.

La ville et la papauté étaient alors sous la coupe d'une famille d'origine grecque, les Théophylacte. La fille de Théophylacte, Marozie, de réputation sulfureuse, avait tenté à la mort de son deuxième mari d'épouser Hugues de Provence, mais le mariage avait été empêché par le propre fils de Marozie, Albéric II. Et ce dernier, maître de la ville, avait obtenu que son fils devienne pape, sous le nom de Jean XII. Hugues de Provence avait alors trouvé de nouvelles alliances : son fils et héritier Lothaire épousa la princesse Adélaïde de Bourgogne, et sa fille Berthe,

Romain II, le fils de Constantin VII Porphyrogenète, *basileus* de Byzance. C'était en fait le beau-père de ce dernier, Romain Ier Lécapène, qui détenait alors la réalité du pouvoir. Le père de Liutprand négocia ce mariage, et Berthe, renommée selon les usages byzantins Eudocie, devint princesse de Byzance. Mais bientôt Hugues de Provence dut faire face à un autre rival, Bérenger, qui, en 947, le contraignit à abdiquer en faveur de son fils, Lothaire.

Bérenger envoie donc une ambassade à Byzance à la fin de l'année 949, afin de se faire reconnaître lui aussi roi d'Italie par Constantinople. Il choisit Liutprand comme représentant, qui a donc quitté à ce moment-là Hugues vaincu. C'est le récit de cette dernière ambassade que Liutprand raconte dans l'*Antapodosis*. À ce moment, Constantin VII a repris la tête de l'Empire après la mort de Romain Lécapène en 944.

Lorsque Liutprand, le 25 août 949, arrive à la cour de Byzance, il pénètre dans un monde particulier, un monde où les démêlés de Bérenger, Rome et Hugues ne sont que péripéties politiques de second ordre. D'abord, l'Empire sort tout juste de longues et nombreuses guerres avec le royaume bulgare et poursuit encore ses batailles contre les Sarrasins de Crète et de Syrie. De plus, l'Empire byzantin, resté le seul Empire romain, héritier d'une tradition qui lui vient de la Grèce, de Rome et de Perse, fonde sa légitimité à gouverner le monde sur l'élection de son empereur par Dieu seul. En vertu de quoi, au Christ *Pantokrator* («Maître de l'univers») régnant sur les cieux, correspond sur terre le *basileus autokrator*, qui gouverne sur l'*oikoumène*, l'ensemble de la terre habitée. À l'aune de ce pouvoir cosmique, les prétentions de Bérenger sont au fond de peu d'envergure.

La cour de Constantinople est le reflet de cet ordre des choses. Par les rituels minutieux de son protocole, elle s'attache à figurer la *Taxis*, la hiérarchie bien ordonnée ici-bas sur le modèle de l'ordre céleste. Chacun y trouve la place qui lui convient, et ils sont une profusion de ministres, de fonctionnaires, de dignitaires, militaires ou civils, d'eunuques ou d'«hommes barbus», de serviteurs, de chantres, de soldats des différents corps de troupe, à s'aligner dans les processions, les banquets ou les réceptions suivant les dispositions de la *Taxis*. Elle réglemente l'emplacement qui revient à chacun au sein d'un défilé ou à table, les couleurs que l'on doit ou ne doit pas porter, les habits que l'on peut ou que l'on ne peut pas revêtir, les acclamations rituelles poussées par les chantres aux différents moments d'une cérémonie, le silence, que l'on impose, ou la parole, que l'on octroie. Comme dans un ballet, la cour byzantine défile pour sa propre édification, manifestant dans le faste ses prétentions à diriger le monde.

À l'égard des représentants des peuples étrangers, du moins sous le règne de Constantin VII, la mise en scène des réceptions d'ambassades est particulièrement soignée. Et si Liutprand n'en dit pas tout, il est possible d'en suivre les différentes étapes.

Les ambassadeurs sont d'abord pris en charge par une escorte dès leur entrée sur le territoire byzantin. Ils sont logés ensuite dans un palais de la capitale et se voient offrir les chevaux qui leur permettront de rejoindre le Grand Palais. L'accueil, la réception et la surveillance des ambassadeurs étrangers sont du ressort du *logothète du drome* (du mot grec *dromos* «la poste», le *drome* byzantin pourrait être assimilé à un service de renseignements), l'équivalent d'un ministre des affaires étrangères chargé des relations diplomatiques.

Plus tard se déroule une première réception, rituelle, qui a le plus souvent lieu au Grand Palais. Rien d'important ne doit y être dit. Il s'agit pour l'heure d'exalter la majesté impériale par une mise en scène solennelle, pratiquement sans parole. Les ambassadeurs empruntent un itinéraire choisi, dédale de salles et de cours par lesquelles il est possible de leur faire sentir la force, ou les richesses, de leur hôte. La réception proprement dite se déroule fréquemment dans la salle dite de la *Magnaure* (du latin *Magna Aula*, la «Grande Cour»), ou parfois dans d'autres salles, comme il advint à Liutprand lors de sa seconde venue à Constantinople. Là se trouve l'empereur, sur son trône, dans une pose hiératique, habillé des lourds vêtements distinctifs de sa fonction, pourpres et or, et chaussant les bottines (*kampagia*) de pourpre, qui à elles seules, disait-on, faisaient un *basileus*. La facture du trône lui-même, connu uniquement par le récit de Liutprand, pouvait rappeler celle du trône du roi Salomon tel que le décrit la Bible: *«Ce trône avait six degrés, un dossier à sommet arrondi, et des bras de part et d'autre du siège; deux lions étaient debout près des bras, et douze lions se tenaient de part et d'autre des six degrés[1].»* De part et d'autre de l'empereur se trouvent des automates représentant des lions, des arbres et des oiseaux, qui s'animent et se font entendre à mesure que l'on s'approche. Au-dessus de l'empereur, dans la coupole, une mosaïque représente le Christ *Pantokrator* trônant. Au seul *basileus* céleste correspond le seul *basileus* terrestre. Les ambassadeurs doivent alors accomplir à ses pieds la forme extrême de la *proskynèse*, c'est-à-dire une prosternation de tout le corps, face contre terre. Et durant qu'ils s'abaissent vers le sol, l'empereur, à l'aide d'un mécanisme, s'élève et se rapproche de l'icône du *Pantokrator*, pour leur apparaître en hauteur lorsqu'ils se redressent. L'empereur ne dit mot. Les ambassadeurs sont encadrés par des eunuques et des interprètes. La présence des interprètes est une

---

1. Premier Livre des Rois, ch. X, 19-20.

constante, même dans le cas où l'ambassadeur connaît parfaitement le grec : l'empereur ne saurait parler autrement que par signes, traduits en paroles, si l'on peut dire, par un *silentiaire*, le « dépositaire des ordres et du silence » de l'empereur. Les interprètes sont là pour imposer une distance supplémentaire entre l'empereur et les autres hommes. Une fois le rituel de la *proskynèse* achevé, le *logothète du Drome* pose un certain nombre de questions, en général convenues, sur le voyage et la santé des maîtres que les ambassadeurs représentent. Enfin, la cérémonie se termine par un échange de cadeaux.

Ce n'est qu'après cette première réception que les négociations peuvent véritablement commencer, et notamment à l'occasion de fêtes, où les ambassadeurs sont invités, et qui généralement sont suivies de repas officiels. Là encore, tout se déroule selon le protocole inspiré de la *Taxis*. On connaît ainsi le traité d'un *atriklinès*, un officier palatin, Philotée, en charge de régler l'organisation des banquets. Il décrit une réception lors de la fête de la Nativité au Tribunal des Dix-Neuf Lits, salle de banquet où exceptionnellement l'on mangeait allongés, à plusieurs sur chaque lit, selon la tradition de la Rome antique. Rédigé à la fin du IXe siècle pour ses collègues, son *Klétorologion*, soit une « énumération des invités au banquet », rend compte de la minutie avec laquelle ce type de festivités étaient préparées ainsi que des innombrables titres, dignités et fonctions en usage au Grand Palais :

> *À la table d'honneur des XIX Lits, il vous faut inviter deux magistroi, six parmi les anthypatoi, patrices et stratèges, deux amis Bulgares et deux offikialoi du rang du logothète du strâtiôtikon ou d'un rang inférieur : douze amis qui vont s'allonger avec l'empereur comme les douze apôtres [...]. En ce jour splendide et*

fameux, il vous faut inviter aux Lits des deux côtés tout le sénat hypo kampagin, à savoir les asèkretai, les chartulaires des grands sékréta, les notaires impériaux des dits sékréta, à condition qu'ils soient spatharocandidats ou de rang inférieur, les hypathoi, les dishypatoi, les comtes des scholes, les silentiaires, les protiktônes, les entychophoroi, les skeptrophoroi, les axiômatikoi, (archontes) des divers tagmata, au nombre de 168; 24 Agarènes du prétoire; 12 hommes des amis Bulgares; et douze frères indigents. Il faut les disposer en cortège en ligne comme suit: les sénateurs de part et d'autre, compte tenu de leurs dignités et de la différence de leur charge; les Agarènes face aux empereurs à la sixième et à la septième table; les hommes des Bulgares à la neuvième table de la même rangée; il faut que les indigents soient invités eux aussi à la neuvième table du côté gauche, où se trouve la place du drongaire. Il faut les faire entrer tous après l'arrivée des amis invités en premier lieu à la table impériale, de la façon suivante: tous les détenteurs des titres avec leurs vêtements de gala, la chlamyde et les kampagia, l'un après l'autre, suivant la dignité et la charge de chacun; les Agarènes habillés en blanc, sans ceinture, chaussés. L'atriklinès qui les a invités les précédera, montera avec eux de chaque côté, par l'arrière de chaque lit, se placera en avant et comptera une douzaine de personnes pour chaque lit et ne laissera personne s'allonger à table jusqu'à ce que les boukalioi impériaux présents annoncent le moment. Lorsque tout le monde sera à table, il faudra faire attention à la musique; lorsqu'elle retentit, tous doivent se lever, acclamer les empereurs et enlever leurs chlamydes. Ceci doit être répété chaque fois que la musique retentit, ou qu'un jeu est exécuté pour le plaisir, ou qu'un comestible quelconque est envoyé de la table impériale aux convives par l'intermédiaire de l'agréable kastrèsios. À la sortie, il faut faire attention aux boukalioi latinophones: au moment de leur acclamation il faut faire attention au geste du glorieux kastrèsios et aussitôt faire se lever tous les invités à chlamydes par l'arrière des lits et, d'en bas, les faire monter vers la sortie de la même rangée. Puis, après qu'ils se sont tous retirés, il faut faire sortir les convives de la table impériale précédés par le glorieux kastrèsios de la vénérable table impériale².

Outre Liutprand, certains étrangers ont aussi raconté les repas auxquels ils assistèrent. Ainsi de Haroun-Ibn-Yahia, prisonnier musulman au début du Xe siècle :

L'empereur donne l'ordre de faire venir les prisonniers musulmans et de les faire asseoir à ces tables. Quand l'empereur est assis au fond, on amène, portées chacune sur un chariot, quatre tables d'or, dont, à ce qu'on dit, la première appartint à Salomon fils de David (elle est incrustée de perles et de rubis), la seconde à David (elle est également incrustée), la troisième est la table de Qarun et la quatrième est la table de l'empereur Constantin. On place ces tables devant lui, mais on n'y mange pas ; on ne fait que les laisser là tant que l'empereur est assis à sa table, et quand on se lève on les enlève. C'est alors qu'on amène les prisonniers musulmans. Sur ces tables se trouve une grande quantité de mets chauds et froids. Le héraut de l'empereur prononce alors les mots suivants : « Sur la tête de l'Empereur il n'y a dans aucun de ces mets de viande de porc ! » Ces mets leur sont apportés dans des plats d'or et d'argent³.

Si les négociations avaient lieu lors de ces repas, les ambassadeurs se voyaient également invités à des cérémonies impériales à l'occasion de fêtes religieuses, où, là encore, se rejouait la scène du triomphe de l'Empire orthodoxe. Cette fois, les dignitaires défilaient dans la ville en procession, marquant des haltes devant les monuments ou les églises suivant un parcours choisi qui s'accordait aux nécessités de la fête du jour. À chaque

---

2. Extrait de N. Oikonomidès, *Les listes des préséances byzantines des IXe et Xe siècles*, Paris, Éditions du CNRS, coll. « Le Monde byzantin », 1972, p. 166-170.
3. A. Vasiliev, *Byzance et les Arabes*, édition française H. Grégoire et M. Canard, Bruxelles, 1968, tome II, vol. 2, p. 387-388.

station qu'observait le cortège, l'on vantait l'ordre du monde institué par Dieu. Les acclamations codifiées des chantres glorifiaient ensemble l'empereur et le *Pantokrator*. Les chœurs des chantres étaient organisés selon les « factions », ou *dêmes*, symbolisant le peuple (*démos*), et rangés sous quatre couleurs, les bleus, les verts, les blancs et les rouges, souvenir de l'époque ancienne où ces factions détenaient à Constantinople quelque pouvoir, qu'elles faisaient valoir à l'Hippodrome, à l'occasion des courses de chars.

Haroun-Ibn-Yahia assista à l'une de ces processions, qu'il nous restitue à sa manière :

L'empereur ordonne que le chemin qu'il doit suivre de la porte du palais à l'église destinée au peuple au milieu de ville soit orné de tapis et que l'on répande sur le chemin du myrte et du feuillage vert, et que les murs soient décorés à droite et à gauche du passage avec des étoffes de brocart. Il sort, précédé de 10 000 vieillards revêtus de brocart rouge [...]. Derrière eux viennent 10 000 jeunes gens vêtus de brocart blanc. Tous vont à pied. Puis viennent 10 000 pages vêtus de brocart vert, puis 10 000 valets vêtus de brocart bleu ciel tenant à la main des haches recouvertes d'or. [...] Suivent 10 000 pages turcs et khazars vêtus de gilets à raies de différentes couleurs, tenant à la main des lances et des boucliers rehaussés d'or. Après eux viennent 100 patrices pris parmi les plus importants, revêtus de brocart de toutes couleurs, tenant à la main des encensoirs d'or dans lesquels brûle de l'aloès de Java. Ils sont suivis par 12 patrices, les premiers de leur ordre, vêtus d'or et ayant à la main chacun une baguette d'or. [...] Enfin s'avance l'empereur revêtu des vêtements précieux dits « allaxima » qui sont en soie entretissée de joyaux. Il a sur la tête une couronne [...][4].

Le faste et l'opulence de l'Empire, qui s'exposent ainsi dans les rues, les places et les grandes artères de la capi-

---

4. *Ibid.*, p. 389-390.

tale, frappent si bien l'imagination de l'étranger que c'est en définitive sur le mode du merveilleux qu'il rapporte le spectacle dont il a été témoin. Et l'éblouissement, qui s'adresse du reste aussi bien aux sujets de l'Empire qu'aux ambassadeurs, se prolonge encore pour ces derniers jusqu'au terme des négociations. Elles se terminent par un dernier échange de présents, et significativement de soie, de pourpre et d'or, qui accompagne l'accord que l'on est parvenu à conclure.

Les vêtements de soie (dont seule en Europe Byzance connaît le secret de la fabrication) ou de pourpre, privilège du *basileus* dont la vente est soumise à de strictes réglementations, sont offerts avec parcimonie – et souvent reçus avec quelque convoitise. La monnaie d'or, que seuls l'empereur de Constantinople et le calife de Bagdad sont à cette époque en mesure de frapper, est l'objet de la même attention. Et finalement, le cas échéant, l'acte par lequel sera proclamé officiellement le produit des négociations prendra forme d'un *chrysobulle*, un parchemin signé d'encre pourpre et scellé d'un sceau en or, lié à un fil de soie pourpre.

La première ambassade de Liutprand à Constantinople fut donc menée à bien : tout en exigeant le respect des droits de Lothaire qui, selon les termes de Liutprand, n'avait « de roi que le nom », l'Empereur accepte de reconnaître Bérenger. Liutprand avait, par la même occasion, pu assister à la mise en scène du spectacle grandiose de la puissance du *basileus*, qui, bien qu'il s'en défende parfois, l'impressionna suffisamment pour qu'il juge nécessaire d'en rendre compte. Lorsque, vingt ans plus tard, il retourne à Byzance, il est brutalement précipité dans l'envers du décor.

*

Cette fois, ce n'est pas comme représentant d'un roi d'Italie quelconque – aux yeux des Byzantins – qu'il se rend au Grand Palais, mais comme émissaire d'un nouvel empereur, Otton Ier, venu de Saxe se faire couronner à Rome, et qui se prétend l'égal du *basileus*. Il faut reprendre le fil de l'histoire peu après le retour de Liutprand de sa première ambassade pour dénouer l'écheveau d'une situation diplomatique radicalement nouvelle.

Durant la vingtaine d'années qui sépare les deux ambassades de Liutprand, le paysage politique s'est profondément transformé, en Occident comme en Orient. En 950, Lothaire, le fils d'Hugues de Provence, meurt. La totalité du pouvoir sur le royaume d'Italie revient à Bérenger et à son fils Adalbert, qui retiennent prisonnière Adélaïde, veuve de Lothaire et reine d'Italie en titre, afin d'éviter qu'elle ne puisse transmettre l'héritage à un nouvel époux. C'est le prétexte dont Otton Ier tire argument pour entrer dans la compétition pour l'Empire. Il s'est assuré un solide pouvoir en terre germanique et, au motif de défendre les intérêts d'Adélaïde, descend en Italie. Plus que tout autre, il se considère comme héritier de Charlemagne et désire restaurer l'empire d'Occident. Très vite, comme l'avait fait Charlemagne avant lui, Otton occupe les terres lombardes du Nord, prend Pavie, s'y fait couronner «roi des Francs et des Lombards», délivre puis épouse Adélaïde en 951. C'est probablement vers cette époque que Liutprand quitte la cour lombarde, se brouille avec Bérenger, et rejoint Otton Ier. Il ne reste plus désormais à ce dernier qu'à conquérir Rome. Mais les querelles germaniques d'une part et la puissance d'Albéric II qui lui refuse l'entrée de la cité d'autre part rendent la situation inopportune. Il retourne donc en Germanie, et remet la gestion des terres d'Italie du Nord à son gendre, Conrad le Roux. Celui-ci s'entend avec

Bérenger et son fils qui, en 952 à Augsbourg, rendent hommage à Otton et deviennent ses vassaux. La scène se déroule, d'après Liutprand, devant une ambassade byzantine.

En 955, Otton remporte une victoire retentissante sur les Hongrois dans la plaine du Lechfeld, et il devient pour ses contemporains Otton le Grand, le «sauveur de la chrétienté». Aussi, fort de sa victoire, de son mariage et de la naissance d'un fils nommé Otton lui aussi, il reprend son entreprise de restauration de l'ancien empire de Charlemagne. Il lui faut absolument être couronné à Rome, qu'il n'avait pu atteindre lors de sa première expédition italienne; une nouvelle occasion se présente bientôt.

En 961, des évêques, en particulier ceux de Milan et de Côme, et le pape lui-même, Jean XII, pourtant fils d'Albéric II qui avait interdit à Otton l'entrée de Rome quelques années auparavant, demandent l'aide d'Otton contre les abus de Bérenger et Adalbert. Alors, après avoir prudemment fait couronner son fils roi des Francs, Otton Ier retourne en Italie, entre à Rome et, le 2 février 962, jour de la Chandeleur, est couronné *«imperator augustus»*: l'empire d'Occident reste en place à partir de cette date pendant près de huit siècles. Liutprand, nommé par l'Empereur évêque de Crémone, membre de sa suite, est présent lors du couronnement. Mais Otton exige, comme Charlemagne avant lui, que tout futur pape prête serment aux empereurs. Jean XII refuse d'agréer ce principe de soumission et, à la fin de la même année, rejette la suzeraineté d'Otton puis accueille Adalbert à Rome.

Tous deux en appellent à Byzance, qui gouverne l'Italie du Sud, tandis qu'Otton cherche à étendre sa domination sur ces régions, précisément, et envisage, entre autre, un mariage entre son fils, Otton II, et une princesse byzantine.

À Constantinople, cependant, la donne avait aussi changé depuis la mort de Constantin VII en 959. Son fils, Romain II, avait pris la tête de l'Empire. En 956, à la suite du décès de sa première épouse, Berthe, la fille d'Hugues de Provence, il s'était marié avec Théophano. De ce mariage, il eut trois enfants, deux fils, Basile II et Constantin VIII, ainsi qu'une fille nommée également Théophano, certainement la princesse qu'Otton voulait pour son fils.

Romain II meurt le 15 mars 963. Le général Nicéphore Phocas prend le pouvoir de fait. Issu d'une famille de grande renommée militaire – son père Bardas et son frère Léon furent de fameux guerriers –, il a remporté de grandes victoires face aux Bulgares dans les Balkans et aux musulmans en Crête et en Syrie. Il lui suffit, pour assurer sa légitimité, d'épouser ensuite Théophano, veuve de Romain II, bien qu'il soit le parrain d'un de ces enfants, ce qui faisait de Théophano sa «commère» et, selon les interdits de l'époque, aurait dû empêcher ce mariage. Il devient de cette façon le beau-père et protecteur des deux fils de Romain II, co-empereurs tous deux avec lui, mais que Liutprand considère comme les seuls princes légitimes puisqu'ils sont «porphyrogenètes», c'est-à-dire «nés dans la pourpre» du Palais, et les derniers rejetons en ligne directe du fondateur de la dynastie macédonienne, Basile Ier (867-886).

En Occident, Otton, Adalbert et la papauté s'affrontent pendant près de quatre ans. Mais en 965, Otton soumet Adalbert et prend finalement Rome de force. Il dépose Jean XII, fait exécuter les membres des familles romaines qui l'avaient soutenu, et fait élire un nouveau pape, Léon VIII ; en 966, l'ordre ottonien s'impose définitivement aux habitants de Rome. Liutprand avait participé activement à la chute de Jean XII. Les événements se précipitent alors, et la tension monte entre les deux

Empires. En 967, Otton, toujours attentif à renouveler la geste de Charlemagne dont il croyait qu'il avait été maître de l'Italie entière, se dirige vers le Sud de la péninsule, et est reçu à Bénévent, par le prince lombard de Capoue et Bénévent, Pandolf Tête de fer. Pandolf, par calcul, préfère se soumettre à lui plutôt que de rester sous la tutelle byzantine. Aussitôt, en avril de la même année, Otton reçoit, à Ravenne, une première ambassade de Nicéphore Phocas, sans doute dans un but de conciliation, où, peut-être, le mariage entre les princes fut évoqué. Mais il est certain que, lorsqu'il avait commandité cette ambassade, l'empereur de Byzance ignorait encore qu'Otton avançait vers le Sud italien. Il ne l'apprit que par la suite, peut-être par des émissaires d'Adalbert, celui-ci toujours en quête d'assurer son indépendance face à Otton. Nicéphore Phocas est donc ensuite rejoint en Macédoine par un ambassadeur d'Otton, le Vénitien Dominicus. D'après Liutprand, ce dernier semble s'être doublement avancé : face à Nicéphore furieux des défections de ses sujets italiens, il affirme d'abord qu'Otton ne progresserait plus vers le sud, puis, à Otton, il laisse entendre que Nicéphore accepte le mariage. En vue, peut-être, de ce mariage, lors de la Noël 967, Otton Ier fait couronner son fils Otton II empereur à Rome. Mais, en janvier 968, la nouvelle ambassade byzantine qu'Otton accueille à Capoue n'aboutit à rien. Il décide alors de recourir à la force pour obliger Nicéphore Phocas à traiter, s'enfonce encore plus au sud dans les territoires byzantins et assiège Bari en mars 968. Le siège n'en finit pas et les négociations reprennent sur l'insistance de Liutprand, selon ses propres dires.

Conforté par la tradition de diplomates dans sa famille – son père négocia le mariage entre Berthe et Romain II – et par sa propre expérience de l'Empire byzantin, Liutprand part à nouveau pour Constantinople. Il rejoint Nicéphore Phocas dans les pires conditions politiques : l'Empereur dénonce la violation de ses terres d'Italie du Sud, s'offusque de la trahison du prince de Capoue et Bénévent, soutient Bérenger, qu'il considère comme roi légitime d'Italie, et refuse le nouveau pape mis en place par Otton avec l'aide de l'ambassadeur qui lui est envoyé, Liutprand lui-même. L'ambassade, qui se déroule dans une atmosphère exécrable, est un fiasco, et l'évêque de Crémone est traité comme suspect. En retour, la « rétribution » que Liutprand réserve cette fois aux Byzantins porte fort loin.

*

L'Ambassade auprès de l'empereur de Constantinople Nicéphore Phocas demeure un texte étrange, d'autant qu'il est resté inachevé et que l'unique manuscrit par lequel il nous est parvenu a disparu. Les historiens ne s'accordent pas sur la nature de ce texte vindicatif, qui tourne en grotesque les fastes byzantins. On ne sait s'il s'agit d'un authentique rapport d'ambassade, ou bien encore si Liutprand, en grossissant les traits des avanies qu'on lui fit subir, ne voulut pas simplement justifier son échec. Certains y ont vu un pamphlet de propagande destiné à être diffusé en Italie du Sud pour soutenir et réanimer l'action militaire d'Otton, tandis que d'autres évoquent un « simple mémoire ». Du reste, Liutprand s'autorise quelques libertés vis-à-vis de la réalité, et singulièrement lorsqu'il met dans la bouche de Nicéphore Phocas des citations des auteurs latins. On a enfin suggéré qu'il pouvait s'agir de l'exposé d'une thèse, construite comme une relation d'ambassade mais dont l'argumentation, groupée autour de trois moments forts, l'arrivée, le banquet et la prophétie, aboutit à établir que les véritables héritiers de Rome sont bien les seuls empereurs germaniques.

En tout état de cause, la *Legatio* de Liutprand élabore, à partir du récit de ses mésaventures, un discours qui, enraciné dans le contexte très circonscrit de son séjour à Constantinople entre le 4 juin et le 2 octobre 969, va bien au-delà de la simple relation de péripéties diplomatiques. Contre Nicéphore Phocas, il puise dans toutes les ressources à sa disposition pour soutenir la légitimité de l'empire d'Occident, et tente tant bien que mal de montrer qu'il a négocié de son mieux l'objet principal de sa mission – obtenir un mariage. Mais dans le même temps, son entreprise de démolition du pouvoir byzantin, dont il donne à lire une expérience vécue, le conduit à mettre en place contre les Orientaux un impitoyable réquisitoire.

Il faut dire que Nicéphore Phocas était un personnage austère, qui a laissé à la postérité la double image d'un soldat et d'un moine. Sa proximité avec le milieu monastique était bien connue, de même que la relation privilégiée qu'il entretint avec son père spirituel Athanase, le fondateur du grand monastère de Lavra au Mont-Athos. Son goût pour l'ascétisme, qui lui venait par ailleurs de son oncle, le saint moine Michel Maléinos, n'empêcha en rien qu'il fut avant tout un chef de guerre, réputé pour sa pugnacité dans la bataille et son caractère ombrageux. C'est probablement ce mélange détonnant qui conduisit Nicéphore Phocas à être l'un des très rares empereurs byzantins à demander à ce que les soldats tombés face aux musulmans soient considérés comme martyrs – ce que l'Église orthodoxe refusa. Quoi qu'il en soit, la cour de Nicéphore s'était sans doute acclimatée au tempérament de son nouveau maître, et le faste qui prévalait sous Constantin VII avait laissé place à une sobriété que Liutprand ne s'attendait pas à trouver au Grand Palais. Il est en outre possible que Liutprand ait eu quelques contacts parmi les opposants byzantins à Nicéphore Phocas, puisqu'il laisse entendre lui-même qu'il entretenait des connaissances à la cour.

Plus profondément encore, les positions de principe, radicalement antinomiques, de Nicéphore d'une part et de Liutprand de l'autre au sujet de la suprématie impériale, aggravaient considérablement les choses.

L'empereur de Byzance se considérait comme l'héritier direct de l'ancien empereur de Rome, sans qu'aucune discontinuité ne soit venue interférer dans cette filiation. Régnant à Constantinople, la Nouvelle Rome qu'avait fondée Constantin Ier, il était le représentant de Dieu sur terre, en charge d'administrer le monde selon les préceptes de l'orthodoxie, littéralement la «voie droite». Au VIIe siècle, lorsque l'empereur Héraclios avait écrasé définitivement le puissant Empire perse sassanide, il avait définitivement adopté le titre perse de «*basileus*», c'est-à-dire «roi des rois». Autrement dit, l'empereur byzantin devenait un souverain au-dessus de tous les autres, une idée renforcée encore par une autre épithète, celle d'«*autokrator*». Nicéphore Phocas était donc, par principe, «empereur des Romains», unique souverain sur terre détenant son pouvoir de Dieu seul.

C'était précisément ce pilier idéologique que Liutprand, envoyé d'un empereur ayant reçu l'onction de Rome, venait, de fait, mettre en cause. Non que les Byzantins n'aient déjà fait des concessions, et les solutions avaient été trouvées dans l'énonciation de la titulature évoquant le pouvoir suprême. Charlemagne avait ainsi été gratifié du titre de «*basileus*» seul, et non de «*basileus* des Romains». En 927, Pierre de Bulgarie, marié à une petite fille de Romain Ier Lécapène, Maria, avait accepté de prendre le titre de «*basileus* des Romains et des Bulgares»: en réalité, l'adjonction «des Bulgares» était à comprendre comme une restriction à la reconnaissance du pouvoir du chef bulgare. Car le «*basileus* des

Romains » régnant de fait à Constantinople, le « *basileus des Romains et des Bulgares* » devait quant à lui se contenter, en quelque sorte, des Bulgares seuls. Jouant ainsi sur l'énonciation de l'unique titulature qui vaille, les Byzantins préservaient leur suprématie, maintenaient exclusif le lien qui les unissait au Christ *Pantokrator*. Écorner ce titre, comme Liutprand se préoccupe de le faire à satiété, en laissant entendre que le *basileus* des Romains n'était que l'« empereur des Grecs », dirigeant un « royaume » constitue rien de moins qu'un blasphème et un dénie d'existence.

Que Liutprand ait eu pleine conscience, sur le moment, de heurter de plein front, face à Nicéphore Phocas, les fondements de l'idéologie impériale byzantine n'est pas sûr. Mais dans la rédaction a posteriori de sa *Legatio*, le jeu de massacre, au gré des mauvais traitements et des brimades que l'on inflige à l'ambassadeur d'Otton, s'amplifie toujours davantage.

Liutprand mobilise ainsi autant que possible dans son discours la tradition littéraire latine anti-grecque, en convoquant notamment Juvénal et Virgile, dont on connaît le vers devenu proverbial : « *timeo Danaos et dona ferentes* », « je crains les Grecs même lorsqu'ils font des cadeaux ». Une façon de signifier aussi, en filigrane, que les classiques latins valent bien, et même mieux, que les auteurs grecs. Puis il s'en prend aux mœurs des Byzantins, en mettant en doute leur virilité, puisqu'ils sont vêtus comme les femmes (en Occident, le port du pantalon chez les hommes commençait à devenir commun), de robes longues et coiffés de foulards. De même, leurs goûts culinaires sont vils, et les plats rustiques et nauséabonds pour un Occidental qu'ils apprêtent sont servis jusqu'à la table impériale. Rustres et efféminés, les Byzantins sont aussi de piètres guerriers : ce sont des eunuques incapables que l'on envoie guerroyer et commander à des troupes ineptes, à moins qu'elles n'aient été recrutées chez des peuples étrangers. Ces mœurs indignes sont en outre avilies par une morale semblablement détestable. Une fois encore, Liutprand reprend de vieux poncifs qui auront longtemps la vie dure : les Grecs sont des menteurs, des fourbes et des traîtres ignorants de la parole donnée, que leur duplicité entraîne vers tous les vices. De fait, leur habitude d'échafauder de fumeuses dissertations à tous propos les a menés à s'écarter de la foi droite des simples, provoquant en leurs pays l'apparition d'hérésies en tous genres.

À ce compte-là, les Grecs qui gouvernent depuis Constantinople n'ont plus aucune prétention à faire valoir sur le pouvoir universel issu de Rome seule : il faut qu'ils passent la main à de jeunes et entreprenants régénérateurs de la chrétienté, les Occidentaux, représentés ici par les Ottons, devenus, par la grâce de Liutprand et sa lecture pertinente des astres, des lions cosmiques dont la mission sacrée sera de mettre à bas l'empire décati de Constantinople.

D'un écrit de circonstance, Liutprand a fait un pamphlet assassin. Il n'a pas été le seul, dans une longue chaîne de textes emplis d'un mépris pour l'Orient dont l'origine remonte à l'Antiquité. Mais son récit porte, plus particulièrement, sur l'Empire byzantin. Aujourd'hui encore, Byzance reste toujours considérée à la marge du monde européen médiéval, et à peine lui reconnaît-on le droit d'appartenir au Moyen Âge, quand on ne la juge pas comme un fossile, ou une aberration historique. Cette ignorance voulue trouve en partie ses origines dans le couronnement de Charlemagne en Occident en 800. Byzance, «l'autre empire», gênait. Les dissentions politiques et religieuses s'aggravant, les Croisés latins pillèrent finalement Constantinople en 1204, les Grecs étant devenus, par surcroît, schismatiques ; puis, l'Empire se réduisant comme peau de chagrin dans les siècles suivants, malgré une opiniâtre résistance, plus d'un laissa libre court à sa morgue et son dédain, jusqu'à Pétrarque qui parla d'un «empire infâme». Il disparut bel et bien en 1453, et les cours européennes découvrirent peu de temps après tout ce que pouvaient apporter les manuscrits grecs à l'humanisme des États modernes. Mais lorsque les Lumières vinrent à leur tour se préoccuper de sa longue histoire se fut pour en souligner la vacuité, puisque, absolutiste, il était obscurantiste. Voltaire est lapidaire: «L'histoire byzantine est l'opprobre du genre humain comme l'Empire grec est l'opprobre de la terre.» Byzance revint certes passagèrement en grâce au XIXe siècle, et particulièrement en France, mais dans le giron de la mode «fin de siècle». Le style «néobyzantin» fleurit dans l'architecture des églises, et les «décadents», de Verlaine à Léon Bloy, puisèrent dans l'imagerie de la lente agonie byzantine la matière de leurs fantasmes...

Il existe une «légende noire» de Byzance, pluriséculaire, reprise de loin en loin, et les récits de Liutprand y occupent une place fort précoce. Pourtant, tout avait commencé par un émerveillement.

Pour la présentation et les notes de la traduction du présent ouvrage, je me suis plus particulièrement appuyée sur les quelques travaux suivants, qui ne forment pas une liste exhaustive de ce qu'il est possible de consulter:

B. Scott, *Liutprand of Cremona*, relatio de legatione Constantinopolitana *(The mission to Constantinople)*, Londres, Bristol Classical Press, 1993.

J. Koder et T. Weber, *Liutprand von Cremona in Konstantinopel*, Vienne, 1980.

- J. Sutherland, «The mission to Constantinople in 968 and Liudprand of Cremona», *Traditio*, 31, 1975, p. 55-81.
- K. Leyser, «Ends and means in Liudprand of Cremona, Byzantium and the West (850-1200)», *Byzantinische Forschungen*, 13, 1988, p. 119-144.
- F. Tinnefeld, «Ceremonies for foreign ambassadors at the court of Byzantium and their political backgroung», *Byzantinische Forschungen*, 19, 1993, p. 193-213.
- T. C. Lounghis, *Les ambassades byzantines en Occident, depuis la fondation des États barbares jusqu'aux Croisades (407-1096)*, Athènes, 1980.

Première ambassade
(949/950)*

Antapodosis, livre 6

* *Note du traducteur* : Les récits de Liutprand ont été traduits d'après le texte établi par M.P. Chiesa, dans le *Corpus Christianorum, Continuatio mediaevalis*, CLVI, Turnholt, Brepols, 1998. Lors de mes relectures, je me suis appuyé sur la traduction de mon illustre prédécesseur Émile Pognon, dans *l'An mil*, Paris, Gallimard, 1947, p. 7-37, dont j'ai emprunté à plusieurs reprises des expressions particulièrement bien venues. Enfin, je tiens à remercier Mme Monique Goullet, pour la peine qu'elle a prise lors de la relecture de mon travail.

Par ailleurs, nous avons fait apparaître en italiques, lorsque nous l'avons jugé utile, les citations des auteurs classiques et de la Bible dont Liutprand parsème son texte. Les références aux classiques sont basées sur les éditions de la Collection universitaire de France aux Belles Lettres ; les références des Écritures renvoient à *La Bible de Jérusalem*, La Sainte Bible traduite en français sous la direction de l'École biblique de Jérusalem, 13ᵉ édition, Paris, Le Cerf, 1992.

Au vu de la qualité de notre époque, je devrais me consacrer à une tragédie bien plus qu'à un ouvrage d'histoire, du moins si le Seigneur n'avait placé *sous mes yeux une table face à mes adversaires*[1]. Je ne peux en effet raconter combien de maux j'ai soufferts, lors de mes voyages à l'étranger, et en moi l'homme extérieur préférerait gémir à écrire ; *l'homme intérieur*[2] au contraire, confirmé par les enseignements apostoliques, se glorifie des tribulations de ce genre, *sachant bien que la tribulation produit la constance, la constance une vertu éprouvée, la vertu éprouvée l'espérance. Et l'espérance ne déçoit point, parce que l'amour de Dieu a été répandu dans nos cœurs par le Saint-Esprit qui nous fut donné*[3]. Que l'homme extérieur donc se soumette à l'homme intérieur, qu'il ne déteste plus ses infortunes et, qu'au contraire, il trouve le repos en elles ; alors, tandis qu'il se donnera la peine d'écrire et de dire que la roue de la fortune élève les uns et abaisse les autres, il ressentira bien moins les maux du présent, se réjouira de leur caractère provisoire, ne craindra plus aucune détérioration de la situation – qui ne saurait se produire, à moins qu'il ne meure ou perde l'usage de ses membres –, et s'attendra toujours à des événements heureux. Quand en effet la situation changera, alors arrivera le salut, qui fait défaut, et l'infortune présente disparaîtra. Il est donc temps

1. Citation extraite du psaume intitulé « Le bon berger », 22,5.
2. Extrait de l'Épître de Paul aux Romains, 7,22. L'« homme intérieur » désigne celui qui voudrait suivre les nobles aspirations de l'esprit.
3. Liutprand cite le même Épître, 5,3-5.

d'écrire et d'ajouter aux vérités précédentes celles qui suivent.

Après la mort du roi Hugues en Provence, le nom de Bérenger devint célèbre chez certains peuples, grecs en particulier. En effet, il régnait par sa valeur sur tous les peuples d'Italie, tandis que Lothaire n'avait de roi que le nom[4]. C'est pourquoi Constantin, qui régnait sur l'empire de Constantinople, après s'être débarrassé de Romain Lécapène et de ses fils[5], quand il eut entendu dire que la puissance de Bérenger dépassait celle de Lothaire, lui envoya une lettre, par l'intermédiaire d'un certain André, qui appartenait, disait-on, à l'ordre des comtes du palais[6]. Dans cette lettre, il demandait instamment à Bérenger de lui envoyer un ambassadeur qui, lors de son retour, lui ferait savoir combien il l'appréciait. Il lui écrivit également une lettre de recommandation en faveur de Lothaire, lui demandant d'être l'administrateur fidèle de celui dont il était devenu le gouverneur, par la grâce de Dieu. Constantin en effet se préoccupait beaucoup du sort de Lothaire et par affection pour sa belle-fille, qui était la sœur de Lothaire[7], il manifestait de la tendresse à son égard.

Bérenger, avec la finesse dont il regorgeait, se demandait qui envoyer comme ambassadeur sans avoir à payer

---

4. Après la mort du roi d'Italie Hugues de Provence à la fin 949 ou début 950, son rival Bérenger d'Ivrée s'empare du titre, et devient le mentor de Lothaire, le fils d'Hugues.

5. Entre 920 et 944, Romain Lécapène avait pris le pouvoir avec ses fils Christophe, Constantin et Étienne, le quatrième Théophylacte ayant été fait patriarche de Constantinople en 933 (voir note 135, p. 96). Il avait placé sous tutelle l'empereur en titre Constantin VII, qui retrouva la réalité du pouvoir à la mort de Romain Ier.

6. Liutprand dit : « *ab officio comiscurtis* », un titre difficile d'interprétation ; il s'agit en tout cas d'un très haut dignitaire.

7. Il s'agit de Berthe-Eudocie, fille d'Hugues de Provence, et mariée à Romain II, le fils de Constantin VII.

les frais d'un long voyage. Aussi fit-il venir mon beau-père, sous la tutelle de qui je vivais à l'époque et lui dit : « Comme il me serait précieux que ton beau-fils connût le grec ! » Et l'autre de lui répondre : « Pour ce bonheur, je donnerais la moitié de mon bien. » Bérenger lui dit alors : « Tu n'as même pas besoin de te départir d'un centième de ton bien. L'empereur de Constantinople me demande par lettre de lui envoyer un ambassadeur et je ne vois personne qui soit meilleur ou plus indiqué que lui, qu'il s'agisse de fermeté de caractère ou d'habileté oratoire. Que dire, de plus, de la facilité avec laquelle un jeune homme qui s'est abreuvé de lettres latines dans son enfance, boira les savoirs grecs ? » Bien vite gagné par cet espoir, mon beau-père prit les dépenses à sa charge et m'envoya à Constantinople, avec de somptueux cadeaux.

Le jour des calendes d'août[8], je quittai Pavie, en empruntant le cours du Pô et j'arrivai en trois jours à Venise, où je retrouvai Salomon, l'ambassadeur grec, un eunuque qui avait la charge de *kitonite*[9], qui revenait d'Hispanie et de Saxe et désirait rentrer à Constantinople. Il emmenait avec lui un ambassadeur de notre maître, alors roi et maintenant empereur[10], à savoir Lieutefredus, richissime marchand de Magon[11], qui emportait avec lui de somptueux cadeaux. Le 8 des calendes de septembre[12], nous quittâmes Venise et nous arrivâmes le 15 des calendes d'octobre[13] à Constantinople. Là, nous

---

8. Le premier août.
9. Cette charge désigne une sorte de chambellan de la chambre impériale.
10. Il s'agit d'Otton Ier, chef de la Maison de Saxe et couronné empereur d'Occident en 962.
11. Aujourd'hui Mahon, une ville de Minorque, aux îles Baléares.
12. Le 25 août.
13. Le 17 septembre.

fûmes reçus d'une manière inouïe et merveilleuse, que je ne répugnerai guère à décrire.

Il y a, à Constantinople, à côté du palais, une demeure admirablement grande et belle, que les Grecs, en substituant le son «u» au son «v», appellent Magnaura, quasiment «magna aura» (souffle puissant)[14]. C'est cette demeure que Constantin ordonna de préparer, à la fois pour les ambassadeurs d'Hispanie[15], qui étaient arrivés peu auparavant, et pour Lieutefredus et moi, de la façon suivante : il y avait, devant le siège de l'empereur, un arbre de bronze, doré néanmoins, sur les branches duquel se trouvaient différentes espèces d'oiseaux, également en bronze doré et chaque oiseau, selon son espèce, émettait un chant différent. Le trône de l'empereur, quant à lui, était fait avec un tel art qu'il semblait tantôt humble, tantôt hors du commun, et sublime au premier coup d'œil. Des lions d'une taille immense, de bois ou de bronze, je ne sais, en tout cas tout couverts d'or, semblaient monter la garde ; frappant le sol de leur queue, ils rugissaient, et dans leurs gueules ouvertes, on voyait bouger leurs langues. Je fus introduit dans cette pièce, porté sur les épaules de deux eunuques[16], devant l'Empereur. Et lorsque j'arrivai, les lions rugirent et les oiseaux se mirent à chanter chacun selon son espèce, mais je ne fus pas saisi par la terreur ou l'admiration : en effet j'avais été mis au courant par des gens qui connais-

---

14. Le son «v» est rendu par les Byzantins avec le «b» ou avec le «u» dans les diphtongues ; Liutprand lit Magnaura, mais il entend prononcer Magnavra. D'où son observation sur le «v», qu'il nomme *digamma* (*NdT*). «*Magna Aula*» désigne en réalité la «Grande Cour».

15. Il s'agit probablement d'envoyés du califat de Cordoue.

16. À Byzance, les eunuques pouvaient occuper tous les postes civils ou militaires, à l'exception de celui d'empereur. Ils étaient particulièrement nombreux à la cour, et notamment dans l'entourage du *basileus*.

saient bien l'endroit. Par trois fois je me penchai pour adorer l'Empereur[17], puis je levai la tête, et je vis l'Empereur, qui m'avait semblé auparavant d'une taille raisonnable, assis en hauteur à une distance modérée du sol ; et bientôt je le vis s'asseoir, portant d'autres vêtements, au niveau du plafond de la demeure ; je ne pus comprendre comment cela s'était produit, à moins peut-être qu'il n'ait été porté par un *argalio*, cet engin dont on se sert pour soulever les troncs d'arbre. À ce moment, il ne dit rien lui-même, puisque, quand bien même il l'aurait voulu, la très grande distance à laquelle il se trouvait aurait rendu la chose inconvenante et ce fut par l'intermédiaire du *logothète*[18] qu'il s'informa de la vie et de la santé de Bérenger. Quand j'eus répondu en conséquence, je fus invité à sortir sur un signe de l'interprète et je fus accueilli peu après dans le logement qu'on m'avait donné.

Je ne répugnerai pas non plus à raconter ce que je fis alors pour Bérenger, pour qu'on connaisse mon attachement pour lui et la nature de la récompense que je reçus de l'Empereur en échange de mes bons services. Les ambassadeurs d'Hispanie et Lieutefredus, dont nous avons parlé plus haut, alors ambassadeur de notre maître le roi Otton, avaient apporté de la part de leurs maîtres de somptueux présents pour l'empereur Constantin. Quant à moi, je n'apportais de la part de Bérenger qu'une lettre, qui n'était d'ailleurs qu'un tissu de mensonges. Mon âme se consumait véritablement de honte à ce sujet et je méditais intensément sur ce que je devais faire. Alors que je bouillonnais et que j'étais plongé dans la plus grande indécision, il me vint à l'esprit d'offrir à

---

17. C'est le rituel de la *proskynèse* auquel se livre Liutprand, un héritage à Byzance de l'ancien Empire perse.
18. Le *logothète du Drome* est l'équivalent d'un ministre des affaires étrangères.

l'Empereur de la part de Bérenger ce que j'avais prévu d'offrir de ma part et de rehausser autant que je pouvais cet humble présent par de belles paroles. J'offris donc neuf excellentes cuirasses, sept excellents boucliers rehaussés de clous dorés, deux coupes d'argent dorées, des épées, des lances, des piques, et quatre esclaves *carzimasia*, qui étaient, parmi les présents déjà cités, les plus précieux aux yeux de l'Empereur. Les Grecs appellent *carzimasium* l'eunuque enfant, une fois qu'il a été amputé de ses parties viriles et de sa verge[19]. Les marchands de Verdun ont l'habitude de procéder à cette opération qui rapporte des sommes très importantes et d'envoyer ces esclaves en Hispanie.

Je fis ainsi et trois jours plus tard, l'Empereur me fit demander au palais, me parla de sa propre bouche pour m'inviter à un banquet et après le banquet, nous offrit, à moi et à ceux de ma suite, un somptueux cadeau. Mais, puisque l'occasion se présente de le raconter, il ne me semble pas bon de passer sous silence la qualité de la table de l'empereur, notamment lors des jours de fête, ni de taire les jeux pratiqués à table ; je tiens au contraire à les décrire.

Il y a à côté de l'hippodrome, du côté nord, une demeure d'une beauté et d'une grandeur admirables, qu'on appelle *Decanneacubita*. Elle doit son nom non à la réalité des faits mais à des causes apparentes : en grec, on dit « *deka* » pour dix en latin, « ennea » pour neuf et « *cubita* » signifie incliné ou courbé selon le mot « *cubare* » (coucher)[20] ; cela vient du fait que lorsqu'on fête la Nativité de notre Seigneur Jésus-Christ, le jour de sa naissance charnelle, on y installe dix-neuf tables, devant

19. Les amputations pour créer les eunuques pouvaient être de différents types suivant ce que l'on décidait d'enlever.
20. C'est le Tribunal des Dix-Neuf Lits, dont on a parlé plus haut (voir la présentation, p. 14 et suivantes).

lesquelles, au lieu de s'asseoir comme les autres jours, l'empereur tout comme ses convives se couchent pour banqueter. Ces jours-là, la nourriture est servie non dans des plats en argent mais seulement dans des plats en or. Après le repas, on apporte des fruits dans trois vases en or, qui, en raison de leur poids immense, ne sont pas portés à la main par des hommes, mais apportés par des véhicules dissimulés sous de la pourpre. On en pose deux sur la table, de la manière que voici. À travers des ouvertures pratiquées dans le plafond, sont disposés trois câbles, couverts de peaux dorées, avec des anneaux d'or ; ces câbles, attachés à des prises qui dépassent des treuils, sont activés, avec l'aide de quatre hommes ou plus qui se tiennent au sol, au moyen d'un enrouleur situé dans les lambris du plafond qui soulève les vases au-dessus de la table et les y dépose de la même façon. Enfin, j'omets les jeux auxquels j'ai assisté dans cet endroit, parce qu'ils seraient trop longs à décrire ; je voudrais cependant insérer la description de l'un d'entre eux, tant il est digne d'admiration.

Un homme entra qui portait sur le front, sans l'aide des mains, un morceau de bois long de 24 pieds (et peut-être plus), qui soutenait, à un peu moins d'une coudée de son extrémité, une barre transversale de deux coudées[21]. Puis furent introduits deux jeunes garçons nus, mais portant un cache-sexe, c'est-à-dire un pagne ; ils commencèrent à grimper sur la pièce de bois, à jouer dessus et à descendre la tête en bas ; le morceau de bois cependant resta immobile, comme s'il était profondément enraciné dans le sol. Enfin, après que l'un fut descendu, l'autre, qui était resté et qui avait continué à jouer seul, me laissa frappé d'une admiration encore plus grande. D'une cer-

---

21. Une coudée équivaut à 0,525 mètre ; le pied est d'environ 30 cm.

taine manière, tandis qu'ils jouaient tous les deux, la scène semblait possible, quoiqu'extraordinaire, puisqu'ils équilibraient la poutre sur laquelle ils étaient montés de leur poids presque identique. Mais quand seulement l'un d'entre eux demeura au sommet de la poutre, celle-ci demeura stable en sorte que le garçon joua et descendit en toute sécurité, et j'en demeurai si saisi que même l'Empereur s'aperçut de mon étonnement. Il fit appeler un interprète et me fit demander ce qui me semblait le plus étonnant : était-ce l'enfant qui se mouvait de façon si mesurée que le morceau de bois restait immobile ou celui qui avait tenu sur son front le morceau de bois si ingénieusement que ni le poids ni le jeu des deux garçons ne l'infléchissaient le moins du monde ? Lorsque je lui fis dire que j'ignorais ce qui me semblait le plus merveilleux, il partit d'un grand rire et répondit que, tout comme moi, il ne le savait pas.

Mais je ne pense pas non plus qu'il faille passer sous silence les autres choses nouvelles et merveilleuses que je vis au même endroit. Durant la semaine d'avant *vaiophoron*, que nous appelons Rameaux, l'empereur organise une distribution de monnaies d'or pour les soldats mais aussi pour tous les cadres civils de son administration, selon le grade et le mérite de chacun[22]. Il m'invita à cette distribution, parce qu'il voulait que j'y participe. Voilà comment cela se déroula :

Sur une table de dix coudées de longueur et de quatre coudées de largeur, on disposa de petites cassettes qui contenaient les monnaies, selon ce qui était dû à chacun ; sur ces cassettes étaient inscrits les noms des destinataires. On avançait devant l'Empereur, non pas dans le désordre, mais selon un ordre précis : une voix appelait

---

22. Il s'agit des *rogai*, les cérémonies annuelles du versement des soldes.

les gens par leur nom en fonction du prestige de leur charge. Le premier appelé fut le maître du palais[23], à qui l'on posa l'or non dans les mains mais sur les épaules, ainsi que quatre *skaramangia*[24]. Après lui, on appela « *o domesticos tis ascálonas*[25] » et « *o delongáris tis ploôs*[26] » : l'un commande l'armée, l'autre la flotte. Comme leur charge était équivalente, ils reçurent l'un et l'autre autant d'or et de *skaramangia*, qu'ils ne portèrent pas sur leurs épaules, parce qu'il y en avait trop, mais qu'ils tirèrent derrière eux à grand-peine, avec l'aide de serviteurs. Après eux, furent introduits les magistres[27], au nombre de vingt-quatre ; chacun d'entre eux, l'un après l'autre, reçut la même somme, à savoir vingt-quatre livres d'or et deux *skaramangia*. L'ordre des patrices[28] les suivit, et chacun reçut douze livres d'or et un *skaramangion*. Comme je ne sais combien de patrices vinrent, j'ignore de même combien de livres furent distribuées : je sais seulement combien était dû à chacun d'entre eux. Après eux, fut appelée une foule immense de *protospathaires*, de *spathaires*, de *spatharocandidats*[29], de *kitonites*, de *manglavites*, de *protocaravi*[30], qui touchèrent les premiers sept mesures d'or, les

---

23. Liutprand parle ici de « *rector domorum* ». Il pourrait s'agir du *curopalate*, un titre honorifique, souvent réservé à un membre de la famille de l'empereur ; il désigne une sorte de grand chambellan.

24. Le *skaramangion* est un type de manteau long.

25. Le *domestique des Scholes* est le chef des armées.

26. Le *droungarios tis ploôs* est l'amiral de la flotte.

27. En fait les *maîstores*, terme que l'on traduit d'ordinaire par « magistres ». C'est une très haute dignité de la cour impériale.

28. Le titre de « patrice » était un ancien titre donné souvent aux étrangers.

29. Les *protospathaires* sont les « premiers porte-épée », les *spathaires* de simples « porte-épée », et ils sont avec les *spatharocandidats* des gardes du corps de l'empereur.

30. *Manglavites*, littéralement, signifie les « portes gourdins », des membres du service d'ordre de la cour. Les *protocaravi* sont, selon toute vraisemblance, des capitaines de navires.

seconds, six, puis cinq, quatre, trois, deux et un, selon la dignité de leur charge. Je ne voudrais pas cependant qu'on croie que tout fut fait en seul jour. La distribution commença à la première heure du cinquième jour, continua jusqu'à la quatrième heure et elle fut close par l'Empereur à la sixième heure du septième jour ; ceux qui touchent moins d'une livre d'or ne reçoivent pas l'argent des mains de l'empereur mais de celles du *parakoimomène*[31], qui distribue l'argent pendant toute la première semaine avant Pâques. J'étais donc présent et j'assistais à la chose avec une grande admiration, lorsque l'Empereur me fit demander par l'intermédiaire du *logothète* ce qui me plairait. Je lui répondis : « Ce qui me plairait serait quelque chose d'utile, tout comme serait utile à l'homme riche qui meurt de soif la paix qu'il distingue en Lazare, s'il pouvait l'obtenir[32] ; mais comme cela ne peut lui arriver, qu'est-ce qui pourrait bien lui plaire, je me le demande ? » L'Empereur me sourit, quoiqu'un peu mortifié, me signifia d'un mouvement de la tête de me présenter devant lui et m'offrit volontiers un grand manteau ainsi qu'une livre d'or, que je reçus plus volontiers gracieusement.

---

31. « Celui qui dort à côté de l'empereur », le *parakoimomène* est le gardien de la chambre impériale.
32. Cette phrase est une allusion à l'Évangile de Luc, 16,23-25. Liutprand insinue que ce ne sont pas les richesses matérielles qui importent à l'homme pieux, mais la paix spirituelle, que le *Basileus* n'est pas en mesure de lui offrir.

Deuxième ambassade (969)

*Ambassade de Liutprand,
évêque de Crémone,
auprès de l'empereur Nicéphore
pour le compte des Ottons augustes
et d'Adélaïde.*

Aux Ottons à jamais invaincus, augustes empereurs des Romains et à l'auguste impératrice Adélaïde[1], Liutprand, évêque de la sainte église de Crémone, souhaite, de toute son âme et de tout son cœur, d'être toujours en bonne santé, de toujours prospérer et de toujours triompher.

De ce que vous n'avez reçu de ma part ni lettre ni messager plus tôt, en voici la raison. Nous arrivâmes à Constantinople la veille des nones de juin[2], et après avoir été ignominieusement reçus, en signe d'affront pour vous, nous avons été durement et ignominieusement traités. Nous fûmes enfermés dans un palais assez grand et ouvert à tout vent, inadéquat tant à protéger du froid qu'à garantir de la chaleur. Des soldats en armes montaient la garde et interdisaient à ceux de ma suite de sortir et aux autres d'entrer. Cette demeure, à laquelle nous avions seuls l'accès, parce que nous y étions enfermés, était si éloignée du palais que, lorsque nous devions nous y rendre, non pas à cheval mais à pied, nous y arrivions totalement essoufflés. À notre malheur s'ajouta le fait que le vin des Grecs, parce qu'il était mélangé à de la poix, de la résine de pin et du plâtre, était pour nous imbuvable ; en outre il n'y avait pas d'eau dans notre demeure et nous ne pouvions même pas en acheter pour étancher notre soif. À ce grand malheur, s'en ajouta un autre : si

---

1. Otton Ier était marié à Adélaïde de Bourgogne, dont il avait eu un fils, Otton II, devenu empereur lui aussi en 967.
2. Le 4 juin.

on me demande à quoi ressemblait le garde qui était chargé des emplettes quotidiennes, ce n'est pas sur terre mais en enfer peut-être qu'il faudra chercher un objet de comparaison; car tout ce qu'il put imaginer en matière de fléau, de vol, de dommage, d'affliction et de misère, il le déversa sur nous comme un *torrent qui déborde*[3]. Pas un jour, pas un seul, sur les cent vingt que nous passâmes en cet endroit, ne s'écoula sans qu'il ne nous fournisse une occasion de gémir ou de pleurer.

La veille des nones de juin[4], nous arrivâmes, comme nous l'avons écrit plus haut, à Constantinople, devant la porte Dorée[5], et là nous dûmes attendre sur nos chevaux et sous une pluie battante, jusqu'à la onzième heure[6]; à la onzième heure, Nicéphore, qui ne pensait pas que nous fussions dignes d'entrer à cheval, quoique mandatés par votre Miséricorde, ordonna de nous faire entrer, mais à pied, et nous fûmes conduits dans la demeure mentionnée plus haut, une demeure de marbre, odieuse, sans eau et toute ouverte. Le 8 des ides[7], le samedi veille de Pentecôte, je fus introduit auprès du frère de l'Empereur, Léon, *curopalate*[8] et *logothète*; là, nous fûmes accablés par une contestation systématique de votre titre d'empereur. Car il ne vous nommait pas du nom d'empereur, c'est-à-dire βασιλεύς dans leur langue, mais à notre grande indignation, il vous nommait ῥήξ[9], c'est-à-dire roi dans la

3. Expression empruntée au prophète Isaïe, 30,28.
4. Voir la note 2.
5. En latin «Carea»: il peut s'agir soit effectivement de la Porte Dorée, dans ce cas l'entrée de la ville de Constantinople, soit, plus probablement, d'une autre entrée, proche du Grand Palais.
6. Probablement aux alentours de 17 heures.
7. Le 6 juin.
8. Sur le *curopalate*, voir la note 23 ci-dessus.
9. «*Rex*», soit, comme l'indique Liutprand, «roi». Ici commence, dès la première entrevue, la discussion sur la titulature impériale, et plus précisément sur le titre de «*basileus*».

nôtre. Quand je lui fis remarquer que si la manière de le dire était différente, le sens était le même, il me répondit que j'étais venu non pour faire la paix mais pour me disputer ; ainsi, il se leva avec colère et, pour nous humilier vraiment, il ne reçut pas votre lettre en personne mais il la fit prendre par l'interprète, un homme assez grand de sa personne, faussement humble, un roseau qui, si quelqu'un s'y appuie, lui percera la main[10].

Le 7 des ides[11], c'est-à-dire le jour même de la Pentecôte, je fus introduit auprès de Nicéphore dans la demeure qu'on appelle Στεφάνα, c'est-à-dire « en forme de couronne »[12] ; c'est un homme assez monstrueux, une sorte de Pygmée, à la tête grasse, et ses tout petits yeux le font ressembler à une taupe ; sa barbe courte, large, drue et à moitié blanche, est repoussante ; un cou épais comme un doigt l'enlaidit ; ses cheveux longs et fournis le font ressembler d'assez près à un porc tandis que sa couleur évoque un Éthiopien, *qu'on ne voudrait pas rencontrer en pleine nuit*[13] ; il a une large panse, les fesses décharnées, ses cuisses sont démesurément longues par rapport à sa petite taille, ses jambes sont courtes tout comme ses talons et ses pieds ; il est vêtu d'une veste de soie, mais beaucoup trop vieille et devenue, en raison d'un usage quotidien, repoussante et jaunâtre ; il est chaussé selon la mode de Sicyone[14], arrogant quand il

10. Un autre emprunt à Isaïe, 36,6 : « Voici que tu te fies au soutien de ce roseau brisé, l'Égypte, qui pénètre et perce la main de qui s'appuie dessus. »
11. Le 7 juin.
12. Liutprand semble faire une confusion ici avec une salle d'apparat proche de l'église Saint-Étienne (en grec saint Stéphane, « le Couronné »).
13. Passage de Juvénal, *Satires*, V, 54.
14. C'est-à-dire que Nicéphore est chaussé comme une femme, d'après le passage de Cicéron, *De l'orateur*, I, 54, 231 : « Si tu m'avais apporté des souliers de Sicyone, je ne les mettrais point, quelque bien

parle, rusé comme un renard, et semblable à Ulysse pour le parjure et le mensonge. Ô mes seigneurs, augustes empereurs, si j'ai toujours admiré votre beauté, là elle me semblait encore plus belle ! Si je vous ai toujours trouvés admirables, là vous me sembliez encore plus admirables ! Si je vous ai toujours trouvés puissants, là vous me sembliez encore plus puissants ! Si je vous ai toujours trouvés doux, là vous me sembliez plus doux encore ! Si je vous ai toujours trouvés pleins de vertus, là vous me sembliez l'être encore plus ! Sur sa gauche étaient assis, non sur le même rang mais loin derrière, deux petits empereurs[15], qui furent jadis ses seigneurs et étaient désormais ses sujets. Il commença à parler de cette manière :

— Nous aurions dû et même nous aurions voulu t'accueillir avec bienveillance et magnificence ; mais l'impiété de ton seigneur ne le permet pas, car il s'est emparé de Rome, lors d'une invasion par trop funeste ; il l'a arrachée par la force, contre tout droit humain et divin, à Bérenger et Adalbert, passant des Romains[16] au fil de l'épée, en faisant pendre d'autres, aveuglant d'autres encore, contraignant à l'exil ceux qui restaient, et cherchant en outre à soumettre des cités de notre Empire par le meurtre et l'incendie[17]. Et parce que son ignoble dessein n'a pas donné de résultats, maintenant, simulant la paix c'est toi qu'il envoie auprès de nous, toi l'instigateur et l'inspirateur de sa malignité, en qualité de κατάσκοπος, c'est-à-dire d'espion.

---

faits qu'ils fussent et adaptés à mon pied, parce que cette chaussure n'est pas digne d'un homme. » (Traduction d'E. Courbaud.)

15. Les futurs Basile II et Constantin VIII, fils de Romain II.

16. Les « Romains » sont ici les habitants de la cité de Rome.

17. En 966, Otton avait conquis Rome de force, renversé le pape Jean XII et soustrait la ville à l'autorité de Bérenger, roi d'Italie depuis 950, et à son fils Adalbert.

Et moi de lui répondre :

— Ce n'est ni par la force ni par une violence tyrannique que mon seigneur a envahi la cité de Rome, qu'il a au contraire libérée du joug d'un tyran ou plutôt de deux tyrans. N'étaient-ce pas des efféminés qui la gouvernaient, et n'étaient-ce pas, ce qui est plus grave et plus honteux encore, des prostituées[18] ? Selon moi, ta puissance était alors endormie de même que celle de tes prédécesseurs, qui ne faisaient que porter le nom d'empereurs des Romains sans l'être dans les faits. S'ils étaient puissants, s'ils étaient vraiment les empereurs de Rome, pourquoi permettaient-ils à des prostituées de régner sur Rome ? Certains papes très saints ne furent-ils pas bannis ? d'autres ne furent-ils pas si accablés de maux qu'ils ne pouvaient même pas assumer leurs dépenses quotidiennes et percevoir l'aumône ? Adalbert n'a-t-il pas envoyé aux empereurs Romain Lécapène et Constantin, tes prédécesseurs, des lettres d'injures[19] ? N'a-t-il pas volé et pillé les églises des très saints apôtres ? Qui, parmi vos empereurs, mû par sa piété envers Dieu, s'est-il jamais soucié de châtier un crime si indigne et de rétablir la sainte Église dans sa situation légitime ? Ce que vous avez négligé, mon seigneur ne l'a pas négligé, lui qui *s'est levé des confins de la terre*[20], est venu à Rome, l'a arrachée aux impies, et a rendu aux vicaires des saints apôtres toute leur puissance et toute leur dignité. Par la suite, il est vrai, il a tué, pendu, aveuglé ou exilé ceux qui se

---

18. Liutprand fait allusion au gouvernement à Rome d'Albéric II et de sa mère Marozie.
19. Adalbert, dans l'un de ses retournements volontaires ou forcés, avait en effet choisi, en 965, le parti d'Otton contre Byzance et Rome. Le Constantin dont il est fait mention ici est Constantin VII.
20. Citation du prophète Jérémie, 6,22 : « une grande nation se lève des confins de la terre. » Cette « nation », venue du Septentrion, est une arme de la punition divine.

rebellaient contre lui, ainsi que le Seigneur Apostolique, selon les décrets des empereurs romains Justinien, Valentinien, Théodose[21] et d'autres, mais ces gens étaient des parjures, des sacrilèges, des persécuteurs de leurs seigneurs apostoliques et des voleurs ; s'il n'avait pas agi ainsi, alors il eût été un tyran impie, injuste et cruel. C'est publiquement que Bérenger et Adalbert devinrent les vassaux de mon seigneur, obtinrent de sa propre main le royaume d'Italie en même temps que le sceptre d'or et lui firent serment de fidélité, en présence de tes esclaves, qui vivent encore à l'heure qu'il est et habitent dans cette cité[22]. Et parce qu'ils violèrent perfidement ce serment, sous l'inspiration du Diable, c'est avec justice qu'il les priva de leur royaume, en tant que déserteurs et rebelles ; tu agirais toi-même de la même façon si certains de tes sujets, autrefois soumis, se rebellaient.

– Ce n'est pas, dit-il, ce que soutient le vassal d'Adalbert[23].

Je lui répondis :

– S'il affirme le contraire, demain, un de mes chevaliers, si tu l'ordonnes, le provoquera en duel et prouvera ainsi que c'est moi qui dis la vérité[24].

– Admettons que ton seigneur ait agi selon la justice, dit-il. Explique-moi maintenant pourquoi il a porté la guerre et l'incendie aux confins de notre Empire. Nous

21. Liutprand fait allusion à l'œuvre législative de Justinien (527-565) et Théodose (379-395), mais Valentinien (364-375) n'a promulgué aucun décret véritablement notoire.
22. Bérenger et Adalbert avaient en effet prêté l'hommage à Otton en 952, à Augsbourg devant des ambassadeurs byzantins.
23. Au moment même où Liutprand effectuait son ambassade, Adalbert avait un envoyé de sa maison à Constantinople, du nom de Gumizo, ou Grimizon, pour soutenir ses propres droits.
24. Liutprand propose une ordalie. Ces hommes, qui l'accompagnaient comme gardes du corps, pouvaient, le cas échéant, se battre en combat singulier pour défendre ses intérêts.

étions amis et nous envisagions de conclure une alliance indissoluble au moyen d'un mariage.

– Ce territoire, répondis-je, sur lequel tu dis régner, appartient en réalité au royaume d'Italie, comme le montrent ses habitants et la langue qu'ils parlent. Les Lombards l'avaient en leur pouvoir ; puis Louis, empereur des Lombards et des Francs le libéra de l'emprise des Sarrasins, dont il fit grand massacre. Cependant Landolfe, prince de Bénévent et de Capoue, s'empara pendant sept ans de ce territoire et il serait encore asservi par lui ou sous le joug de ses successeurs à l'heure qu'il est, si l'empereur Romain n'avait acheté, au prix d'une immense somme d'or, l'amitié de notre roi Hugues – ce fut d'ailleurs la raison pour laquelle il fit épouser à son neveu et homonyme une fille bâtarde de notre roi, ce même Hugues[25]. À ce que je vois, tu imputes non à la grâce de mon seigneur mais à son impuissance de t'avoir abandonné ce territoire pendant tant d'années, après l'acquisition de l'Italie et de Rome. Ce lien d'amitié, que tu affirmes avoir voulu contracter au moyen d'une alliance familiale, nous le considérons comme une tromperie et une ruse ; tu réclames une trêve, mais la raison même t'impose, à toi, de ne pas la demander et nous impose, à nous, de ne pas l'accepter. Mais, afin d'extirper toute tromperie, je ne tairai pas la vérité : mon seigneur m'envoie auprès de toi afin que tu me jures par serment que tu veux donner en mariage la fille de l'empereur Romain

---

25. Au IXe siècle, Bari était tombée aux mains des Sarrasins sans que les Byzantins n'aient pu lui venir en aide. Louis II de Bavière (855-875), le dernier prince germanique à descendre dans la péninsule italienne avant Otton, s'était emparé de la ville en 871. Mais il fut fait prisonnier par le prince lombard de Bénévent. Les Sarrasins reprirent alors la ville et les Lombards durent demander l'aide byzantine, qui fut cette fois efficace et la ville passa sous leur contrôle en 876.

et de l'impératrice Théophano[26] à son fils, mon seigneur, l'auguste empereur Otton ; en échange de cette grâce, j'affirmerai, moi, par serment, que mon seigneur fera ce qu'il a dit et respectera cet engagement. Mais déjà mon seigneur t'a donné un excellent gage d'amitié et de fraternité en soumettant toute l'Apulie à ton pouvoir, sur mon conseil, alors que tu me reproches d'avoir provoqué un grand malheur par cette suggestion. De cela, il y a autant de témoins que d'habitants dans toute l'Apulie[27].

– La deuxième heure[28] est déjà écoulée, dit Nicéphore ; nous devons maintenant célébrer la προέλευσις, c'est-à-dire la procession. Faisons maintenant ce qui presse et nous donnerons une réponse à ce discours au moment opportun.

Ne répugnons donc pas, ni moi à décrire cette προέλευσις, ni mes seigneurs à l'entendre. Lors de cette solennité, se réunit une immense foule de marchands et de gens de basse extraction pour accueillir et glorifier Nicéphore ; entre le palais et Sainte-Sophie, cette foule, qui formait quasiment des murs, occupait les deux côtés de la rue, qu'on avait pour l'occasion décorée, mais de manière grossière, de boucliers légers et de javelots de vil prix. Comme comble du ridicule, la majorité des gens venus glorifier l'Empereur avaient les pieds nus. Je crois même qu'ils pensaient ainsi donner encore plus de grandeur à cette sainte προέλευσις. Quant aux notables qui

26. Otton voulait marier son fils Otton II avec une princesse byzantine ; cette princesse est certainement la fille de Romain II et de Théophano, nommée également Théophano. Du reste, la veuve de Romain II était à ce moment-là mariée avec Nicéphore Phocas.

27. L'Apulie est l'ancien nom de la Pouille d'aujourd'hui. Liutprand fait allusion retorse à la toute récente campagne qu'Otton mena contre les terres byzantines du Sud de l'Italie, et notamment contre Bari, qu'il ne parvint pas à prendre ; ce qui décida le Saxon à négocier avec Nicéphore et à lui envoyer Liutprand comme émissaire.

28. Après 7 heures du matin.

traversaient avec lui cette plèbe nombreuse et déchaussée, ils portaient de grandes tuniques, toutes lisses parce que beaucoup trop vieilles. Ils auraient défilé plus décemment dans leurs vêtements de tous les jours ! Car aucun de leurs aïeux n'avait possédé cette tunique quand elle était neuve ! Là, aucun d'entre eux ne portait aucun bijou d'or ou de gemmes, sauf Nicéphore lui-même, que les insignes impériaux, achetés et assemblés pour ses ancêtres, rendaient encore plus hideux. Je jure, sur vos vies, qui me sont plus importantes que la mienne, qu'une seule veste précieuse d'un des grands de votre cour a plus de valeur que cent des leurs, et de loin ! Quant à moi, je fus emmené, pour assister à cette προέλευσις, sur une éminence, et je fus installé à côté des *psalteis*, c'est-à-dire des chanteurs[29].

Alors qu'avançait le monstre, qui semblait ramper, les *psalteis* criaient bien fort pour l'aduler : «Voici venir l'étoile du matin, Éôs[30] se lève dont le regard reflète les rayons du soleil, *la pâle mort*[31] des Sarrasins, Nicéphore μέδων (c'est-à-dire "le prince") ! » Puis on chantait aussi : «Que notre μέδων vive πολλὰ ἔτη (c'est-à-dire dire de nombreuses années) ! Ô peuples, adorez-le, vénérez-le et courbez la tête devant sa grandeur !» Ils auraient fait preuve de beaucoup plus d'à-propos alors en chantant : «Viens, charbon éteint, μέλας[32], à la démarche de vieille femme, au visage de faune, viens, campagnard, rôdeur

---

29. Ce sont les chœurs des chantres des dèmes, rangés selon la couleur de leur faction (voir la présentation, p. 17).

30. *Eôs* est l'aurore homérique (*NdT*).

31. Liutprand emprunte cette expression à Horace, *Odes*, I, 4, 13. Elle ne correspond que vaguement aux acclamations réellement prononcées à Byzance. La postérité du surnom de Nicéphore Phocas comme «Pâle mort des Sarrasins» aura une belle fortune auprès des historiens.

32. « *Mélas*», «le Noir», Liutprand prend argument du teint sombre de la peau de Nicéphore Phocas pour en faire une insulte.

des bois, homme aux pieds de chèvre, cornu, mi-homme mi-bête, rustre, indocile, barbare, dur, vilain, rebelle, Cappadocien[33] !» Ainsi tout gonflé de ces refrains mensongers, il pénétra dans Sainte-Sophie, pendant que les empereurs, ses seigneurs[34], le suivaient de loin et l'adoraient, se prosternant jusqu'à terre pour lui donner le baiser de paix. Son écuyer entra dans l'église et à l'aide d'une flèche tailla une encoche dans un roseau : cela sert à indiquer depuis combien de temps l'empereur gouverne et ainsi ceux qui n'ont pas vu la cérémonie peuvent connaître l'année de son règne[35].

Le même jour il m'ordonna d'être son convive. Cependant, comme il ne pensait pas que je fusse digne d'être placé devant aucun des grands de son royaume, je m'assis à quinze places de lui sans même une nappe ; quant à mes compagnons, non seulement aucun d'entre eux ne prit part au banquet mais encore aucun d'entre eux ne vit même la maison où j'étais invité. Durant ce banquet, qui suivit un cours assez honteux et obscène à la manière des ivrognes, où l'on nageait dans l'huile et où l'on versait à flot une sorte d'ignoble liqueur de poisson[36], Nicéphore me posa beaucoup de questions sur

---

33. Nicéphore Phocas était bien originaire de Cappadoce, mais Liutprand renvoie aussi à la proverbiale mauvaise foi des Cappadociens.

34. Basile II et Constantin VIII, encore jeunes, que Liutprand considère comme seuls empereurs légitimes.

35. Le texte ici est obscur. Émile Pognon traduit autrement mais est bien loin du texte : « Son écuyer, avec une plume trempée dans un tube, inscrit au mur de l'église l'année de l'Empire, comptée depuis le temps où il a commencé à gouverner ; ainsi, ceux qui n'ont point assisté à la cérémonie peuvent prendre connaissance de l'année de l'Empire. » (*NdT*) De plus, Liutprand semble être le seul à raconter ce rituel, aussi est-il délicat de l'interpréter.

36. Le fameux *garum*, friandise des Romains et des Byzantins, dont Liutprand n'est pas le seul à se plaindre. Le *garum* est fait à par-

votre puissance, sur vos royaumes et vos soldats. Comme je lui répondais en conséquence et conformément à la vérité, il s'écria : « Tu mens, les chevaliers de ton seigneur ne connaissent rien à la chevalerie et ses fantassins ignorent tout de la guerre ! La grandeur de leurs boucliers, la lourdeur de leurs cuirasses, la longueur de leurs épées et le poids de leurs casques leur interdisent de combattre de quelque façon que ce soit. » Et en souriant il ajouta : « C'est la *gastrimargia* qui les empêche de combattre, c'est-à-dire leur ventre glouton[37] ; car leur dieu, c'est leur ventre, et ils confondent ébriété et audace, ivresse et courage, débauche et jeûne, peur et sobriété. Ton seigneur n'a pas non plus à sa disposition suffisamment de navires ; car moi seul dispose de la puissance maritime, moi qui l'attaquerai avec mes navires, ravagerai par la guerre ses cités maritimes et réduirai en cendres celles qui sont proches des fleuves. Dis-moi, qui sur terre, vu le manque criant de troupes, pourra me résister ? Certes le fils de ton seigneur n'est pas absent, sa femme ne lui fait pas non plus défaut et les Saxons, les Suèves, les Bavarois et les Italiens sont avec lui ; mais comme ils ne sauraient ni même ne pourraient prendre ne serait-ce qu'une toute petite ville qui leur résisterait, comment pourront-ils me résister quand je viendrai, moi qu'accompagnent tant de troupes,

Autant que le Gargare est fertile en blé, autant que le Methymne en grappes, autant que le ciel a d'étoiles, autant que la mer a de vagues sous le vent[38] ? »

---

tir du sang de boyau d'un poisson nommé *garus*, fermenté dans de la saumure.

37. C'est un poncif de la façon dont les Byzantins considèrent les barbares, esclaves de leurs passions et de leurs désirs impurs.

38. Le premier vers et le début du second sont une citation d'Ovide, *L'Art d'aimer*, 57 et 59, mais la dernière comparaison semble être du cru de Liutprand (*NdT*).

Je voulais lui répondre et lui vomir une défense digne de son enflure mais il ne me le permit pas ; et il ajouta en guise d'insulte : « Vous n'êtes pas des Romains, mais des Lombards ! » À ce moment, alors qu'il voulait encore parler et me faisait signe de la main de me taire, je lui dis avec colère : « L'histoire retient que Romulus, qui donna son nom aux Romains, était un fratricide et un *porniogenitus*, c'est-à-dire qu'il était né d'un adultère et qu'il se créa par la suite un refuge où il accueillit les gens criblés de dettes, les esclaves en fuite, les meurtriers et tous ceux dont les crimes méritaient la peine de mort ; il réunit alors une foule de ce genre et il les appela Romains ; voilà la noblesse dont sont issus ceux que vous appelez *kosmokratores*, c'est-à-dire empereurs[39]. Nous autres, Lombards, Saxons, Francs, Lotharingiens, Bavarois, Suèves et Burgondes, nous les méprisons tellement que lorsque nous sommes en colère contre nos ennemis, nous n'utilisons pas d'autre insulte que "Romain", en incluant dans ce nom, celui des Romains, tout ce qui a trait à l'ignominie, la lâcheté, l'avarice, la luxure, au mensonge, bref, tout ce qui a trait aux vices[40]. Puisque tu dis que nous sommes incapables de faire la guerre et que nous ne comprenons rien à la chevalerie, si les péchés des chrétiens méritaient que tu persistes dans ta malveillance, les prochaines guerres montreront ce que vous êtes réellement et ce que nous valons à la guerre. »

39. Certains historiens ont vu dans le terme *kosmokrator* ici employé par Liutprand, terme pratiquement jamais utilisé par les Byzantins, qui lui préfèrent celui d'*autokrator,* une allusion : il désignerait en fait le diable.
40. Cet échange de gentillesses renvoie en réalité à toute la dispute entre « Romains » et « barbares » : depuis le Goth Jordanès et son *Histoire des Goths* (du VIe siècle, qualifiée parfois de « première histoire nationale »), lesdits barbares revendiquent fièrement leur origine après avoir essuyé longtemps le mépris des « Romains de souche », que les Byzantins ont repris à leur compte.

Exaspéré par ces paroles, Nicéphore fit un geste pour m'ordonner le silence, puis il ordonna qu'on m'enlève la table, qui était longue sans être large, et qu'on me remmène dans mon odieuse demeure ou pour parler plus exactement dans ma prison. Là, au bout de deux jours, tant en raison de mon indignation qu'en raison de la chaleur et de la soif, je tombai gravement malade. Parmi mes compagnons, il n'en fut pas un seul qui, saoulé du même breuvage, ne craignît que son dernier jour ne fût arrivé. Comment donc, je le demande, pouvaient-ils ne pas tomber malades, quand ils buvaient de l'eau saumâtre au lieu de l'excellent vin, quand ils avaient pour matelas, non le foin, ni la paille, ni même la terre mais le dur marbre et la pierre pour oreiller ? Comment le pouvaient-ils, eux dont l'ample demeure ne protégeait ni de la chaleur, ni de la pluie, ni du froid ? Comme on dit communément, si la Santé elle-même les avait enveloppés et avait voulu les sauver, elle ne l'aurait pu[41]. Affaibli donc par mon propre tourment et par ceux de mes compagnons, je fis venir notre gardien, ou plutôt notre persécuteur, et j'obtins par mes prières, mais surtout par de l'argent, qu'il apportât au frère de Nicéphore une lettre de moi dont la teneur était la suivante :

« De l'évêque Liutprand au *curopalate* et *logothète* τοῦ δρόμου Léon.

Si le Sérénissime Empereur songe à concrétiser la demande pour laquelle je suis venu, alors les souffrances que j'endure ici ne me pèsent pas ; je voudrais néanmoins en rendre compte à mon seigneur par une lettre et un messager et lui faire savoir que je ne m'attarde pas ici pour des raisons qui sont sans rapport avec ma mission.

---

41. Liutprand évoque Térence, *Adelphes*, 761-762 : « *Salus* [Santé] en personne aurait beau le vouloir ; elle est totalement impuissante à sauver cette famille. » (Traduction de J. Marouzeau.)

S'il en va autrement, il y a ici une nef vénitienne qui s'apprête à partir ; qu'il me permette d'y embarquer, étant donné que je suis malade, afin que, si l'heure de la mort est arrivée pour moi, qu'au moins mon sol natal puisse accueillir mon cadavre. »

Quand il eut lu la lettre, il m'ordonna de venir, quatre jours plus tard. Selon leur tradition s'assirent avec lui pour discuter votre cas des hommes particulièrement savants, experts en style attique, Basile le *parakimomène*, le *protoasecrétis*, le *protovestiaire* et deux *magistres*[42] ; et voici comment la discussion commença :

– Dis-moi, frère, pourquoi, pour quelle raison tu t'es fatigué à venir jusqu'ici ?

Quand je leur eus répondu que je venais conclure une alliance qui serait l'occasion d'une paix éternelle, ils dirent :

– C'est une chose inouïe de penser que la fille porphyrogénète d'un porphyrogénète (c'est-à-dire une fille née dans la pourpre d'un homme lui-même né dans la pourpre) puisse entrer dans une nation païenne[43]. Cependant puisque votre requête est excellente, si vous donnez ce qu'il convient, à savoir Rome, Ravenne et toutes les terres[44] qui s'étendent entre ces villes et nos possessions, vous obtiendrez ce que vous voulez. Si, en revanche, vous voulez seulement un traité d'amitié sans pour autant conclure d'alliance familiale, que ton sei-

---

42. Le *protoasecrétis*, littéralement « premier secrétaire », est le directeur de la chancellerie, chargé de la rédaction finale des actes. Le *protovestiaire*, titre d'une dignité, est un eunuque en charge des vêtements impériaux et du trésor particulier du *basileus*. En ce qui concerne les *magistres*, voir la note 27 de la première ambassade, p. 41.

43. Les Byzantins n'ignorent bien sûr pas que les Germains sont chrétiens. C'est là encore une façon de rappeler l'origine barbare – et païenne – récente de la Maison de Saxe.

44. Ravenne fut le siège d'un exarchat byzantin qui dominait l'ensemble de la région.

gneur libère Rome et qu'il rende les princes de Capoue et de Bénévent, jadis serviteurs de notre saint Empire et aujourd'hui rebelles, à leur ancienne servitude[45].

Je leur répondis :

— Vous n'ignorez pas que mon seigneur a des esclaves[46] plus puissants que ceux de Pierre, roi des Bulgares, qui épousa pourtant la fille de l'empereur Christophe.

— Mais Christophe n'était pas porphyrogénète[47], dirent-ils.

— Quant à Rome, dis-je, dont vous réclamez la libération à cor et à cris, à qui est-elle asservie ? À qui verse-t-elle des tributs ? N'était-elle pas auparavant aux mains de prostituées, tandis que vous dormiez, ou plutôt que vous étiez impuissants ? Mon seigneur, auguste empereur, ne l'a-t-il pas libérée d'une si indigne servitude ? L'auguste empereur Constantin, qui a fondé cette cité et lui a donné son nom, a fait de nombreux dons, parce qu'il était *kosmokrator*, à la sainte Église apostolique romaine, non seulement en Italie, mais également dans presque tous les royaumes occidentaux et dans les royaumes orientaux et méridionaux, à savoir la Grèce, la Judée, la Perse, la Mésopotamie, la Babylonie, l'Égypte, la Libye, comme en témoignent les privilèges qu'il a donnés et qui

---

45. On peut constater que les propos attribués par Liutprand aux Byzantins ont souvent une saveur authentique : la servitude (*douléia*), à Byzance, désignait la soumission au pouvoir impérial et non, à proprement parler, l'esclavage. Les princes dont il est question sont Pandolf Tête de fer et son frère Landolf.

46. Liutprand joue peut-être ici sur la polyphonie du mot *sclavos* (slave/esclave).

47. Pierre de Bulgarie épousa en effet en octobre 927 la fille de Christophe Lécapène, co-empereur avec son père Romain Lécapène jusqu'à la mort de ce dernier. En effet, Christophe n'était pas porphyrogénète puisqu'il est né alors que son père n'avait pas encore obtenu la dignité impériale.

sont les nôtres[48]. Et tout ce qui, non seulement en Italie mais également en Saxe et en Bavière, ainsi que dans tous les royaumes de mon seigneur, appartient à l'Église des saints apôtres, mon seigneur l'a rendu au vicaire des très saints apôtres. Et s'il se trouve que mon seigneur détient encore des cités, des domaines, des vassaux ou des personnes appartenant à l'Église des saints apôtres, c'est que j'ai renié Dieu. Pourquoi votre seigneur ne fait-il pas la même chose, c'est-à-dire restituer ce qui se trouve à l'intérieur de son Empire à l'Église des apôtres et rendre lui-même cette Église, que, par son activité et sa magnificence, mon seigneur a rendue riche et libre, plus riche et plus libre encore ?

— Mais cela, il le fera quand Rome et l'Église romaine seront disposées selon sa volonté», répondit Basile le *parakoimomène*.

Alors je dis : «Un homme qui avait subi une grande offense de la part d'un autre apostropha Dieu de la manière suivante : "Seigneur, rends-moi justice contre mon adversaire !" et Dieu répondit : "Je le ferai le jour où je récompenserai chacun selon ses œuvres." Et lui de dire : "C'est bien tard[49]."»

Alors tous, à l'exception du frère de l'Empereur, se mirent à rire et abandonnèrent la discussion. Ils ordonnèrent que je fusse reconduit dans mon ignoble demeure et que j'y fusse gardé sous haute surveillance jusqu'à la fête des Saints-Apôtres, jour célèbre s'il en est pour tous

---

48. Il est fait ici allusion à la *Donation de Constantin*, un faux rédigé par l'entourage du pape autour des années 750. Selon la donation, Constantin Ier (IVe s.), guéri miraculeusement par le pape Sylvestre Ier, avant de quitter Rome pour fonder Constantinople, lui aurait offert entre autres choses les territoires du Sud de l'Italie.

49. Ce passage est une allusion à l'Évangile de Luc, 18,3, où il est question, presque dans les termes même de Liutprand, de la récompense tardive, selon certain, que Dieu attribue aux personnes pieuses.

les hommes de religion. Le jour de la célébration, Nicéphore m'ordonna de venir le rencontrer, alors que j'étais encore assez malade, à l'église des Saints-Apôtres, en même temps que les ambassadeurs Bulgares, qui étaient arrivés la veille. Après un marmonnement de chants plaintifs[50] et la célébration de la messe, nous fûmes invités au banquet. On me désigna une place tout au bout de la table, qui était longue sans être large, derrière l'ambassadeur des Bulgares, tonsuré selon l'usage hongrois, ceinturé d'une chaîne de bronze et, à ce que je crois, catéchumène, tout cela dans le but évident de vous insulter[51], ô mes seigneurs. En vous, je fus méprisé, en vous je fus déprécié, en vous je fus avili ! mais je rends grâce au Seigneur Jésus-Christ, que vous, vous servez de toute votre âme, de ce que je fus jugé digne de subir toutes ces insultes en votre nom. À la vérité, ô mes seigneurs, considérant non l'insulte qui m'était faite mais celle qui vous était faite, je quittai la table. Mais quand, rempli d'indignation, je voulus sortir, Léon, le *curopalate*, le frère de l'Empereur, et le *protoasecrétis* Siméon me suivirent en aboyant :

« Quand Pierre, roi des Bulgares, prit pour femme la fille de Christophe, nous avons conclu par écrit des *symphona*, c'est-à-dire des accords que nous avons confirmés par serment, qui stipulaient que les envoyés, c'est-à-dire les messagers des Bulgares, seraient toujours placés au

---

50. Il s'agit bien entendu des chants de prière orthodoxes.
51. Que le Bulgare soit catéchumène, c'est-à-dire non encore baptisé, n'est pas certain. De même, il est possible que Liutprand force son outrance quant à l'atteinte à sa dignité. Les Bulgares avaient un accord politique avec Byzance, qui voulait, entre autres, que soient ainsi placés les ressortissants de ce peuple à la table impériale. Mais les égards qu'on leur réservait n'étaient pas forcément meilleurs que ceux que l'on rendait à l'envoyé d'Otton. Liutprand lui-même n'est-il pas qualifié de « frère », plus haut, lors de son entrevue avec Léon, le frère de Nicéphore Phocas ?

premier rang et plus honorés et estimés que ceux de toutes les autres nations. Cet envoyé des Bulgares, bien qu'il soit (comme tu as raison de le dire) tonsuré, sale et ceint d'une ceinture de bronze, est néanmoins un patrice, et nous avons pensé et jugé qu'il serait inconvenant de placer devant lui un évêque, surtout franc. Et puisque nous avons compris que tu juges cette situation indigne, nous ne t'autorisons pas à te retirer dans tes quartiers, comme tu le penses, mais nous t'envoyons dans une salle où tu goûteras la nourriture avec les esclaves de l'Empereur. »

Il n'y a rien de comparable à la douleur que j'éprouvai alors et je ne leur répondis rien : mais je fis ce qu'ils m'avaient ordonné, parce que je jugeais indigne non d'être placé, moi, Liutprand l'évêque, derrière l'envoyé des Bulgares, mais que votre ambassadeur le soit. Mais le saint Empereur adoucit ma douleur en me faisant un grand don : il m'envoya, parmi tous les mets si délicats de sa table, un chevreau bien gras, dont il avait lui-même mangé un morceau, somptueusement farci d'ail, d'oignon, et de poireaux, et arrosé de ce *garum* dont j'ai souhaité alors la présence à votre table, afin que, vous qui n'êtes guère persuadés des délicieux mérites de la table du saint Empereur, vous le fussiez du moins après les avoir examinés !

Huit jours passèrent, et les Bulgares étaient déjà repartis, quand, pensant que je faisais grand cas de sa table, il me contraignit, alors que j'étais encore malade, à festoyer en sa compagnie au même endroit. Il y avait également là plusieurs évêques et le patriarche[52], en leur présence, me proposa plusieurs questions sur les saintes Écritures ; je les résolus élégamment, par la grâce du Saint-Esprit qui m'inspirait ; il me demanda tout à la fin, pour se moquer

---

52. C'était le patriarche Polyeucte, qui officia de 956 à 970.

de vous, les noms des synodes que nous avions eus, et comme j'énumérais ceux de Nicée, de Chalcédoine, d'Éphèse, d'Antioche, de Carthage, d'Ancyre, de Constantinople, il dit : « Ha ! ha ! hé hé ! Tu as oublié de parler de celui de Saxe ! Mais si tu me demandes pourquoi nos livres ne le mentionnent pas, je te dirai qu'il est trop grossier et qu'il n'a pas encore pu arriver jusqu'à nous[53]. »

Je lui répondis : « Le membre touché par la maladie, il faut le brûler au fer. Toutes les hérésies sont venues de vous et ont rencontré le succès chez vous ; chez nous, les Occidentaux, nous les avons asphyxiées et éliminées. Nous ne comptons pas les synodes de Rome ou de Pavie, bien qu'ils aient été nombreux. En effet, le clerc de Rome, devenu par la suite le pape universel Grégoire, que vous avez appelé Dialogus[54], libéra le patriarche de Constantinople Eutychès d'une hérésie de ce genre. Cet Eutychès disait, et non seulement il le disait, mais encore, il l'enseignait, il le clamait et l'écrivait, que la résurrection ne se ferait pas dans la vraie chair, celle qui est la nôtre ici-bas, mais dans une autre chair, imaginaire celle-là ; et le livre qui contenait son hérésie fut brûlé par Grégoire, conformément à l'orthodoxie. Par la suite, le patriarche de Rome envoya ici, à Constantinople, l'évêque de Pavie, Ennode, qui réprima une autre hérésie et restaura

---

53. Les évêques Byzantins demandent en réalité à Liutprand d'énumérer les conciles et synodes qui fondent selon eux le *Credo* convenable et lui reprochent de ne pas avoir mentionné le concile de Francfort (784) qui, durant la crise iconoclaste, n'avait guère brillé par sa pertinence sur la question, tandis que Byzance développait, à ce moment-là, une véritable philosophie de l'image, fondatrice de l'orthodoxie médiévale byzantine.

54. Grégoire le Grand (pape de 590-604) n'était alors qu'apocrisiaire. Ambassadeur du pape à Constantinople, il est resté célèbre pour ses *Dialogues*, qui lui ont valu son surnom.

la vraie foi catholique et orthodoxe[55]. Le peuple des Saxons depuis le temps où il reçut le saint baptême et la connaissance de Dieu, n'a jamais été souillé d'aucune hérésie, qui aurait nécessité un synode pour corriger une erreur, puisqu'il n'y en eut jamais[56]. Si tu dis que la foi des Saxons est mal dégrossie, je l'affirme également. Car la foi en Christ est toujours mal dégrossie et non antique chez les peuples où les effets suivent la foi. Ici, la foi n'est pas mal dégrossie mais antique, mais les effets n'accompagnent pas la foi ; au contraire la foi, ici, est dépréciée comme un vieil habit usé par le temps. Je sais cependant avec certitude qu'un synode a eu lieu en Saxe, à l'issue duquel on affirma, après une discussion, qu'il était plus convenable de lutter avec des épées qu'avec des plumes et de s'exposer à la mort plutôt que d'offrir son dos à l'ennemi : c'est d'ailleurs ce dont votre armée a fait l'expérience. » Et en mon cœur je me disais : « Puissent-ils faire eux-mêmes, en cette occasion, l'expérience de notre pugnacité ! »

Le même jour, l'après-midi, l'Empereur ordonna que je vinsse le rencontrer au palais, où il devait rentrer ; j'étais alors méconnaissable et dans un tel état de faiblesse, que des femmes qui me rencontrèrent, quand on me transportait, d'abord prises de stupeur, s'exclamèrent : « maman, maman ! » et en se frappant la poitrine

55. Eutychés, patriarche de Constantinople (552-565 et 577-582), s'opposa en effet sur ce point théologique avec la papauté. Ennode évêque de Pavie fut envoyé à Constantinople en 515 puis en 517 par le pape Hormisdas afin de régler le conflit.
56. La Saxe ne fut convertie que très tardivement, sous Charlemagne. La réponse de Liutprand après la question sournoise des évêques va dans le sens traditionnel en Occident envers le christianisme oriental : c'est de lui que sont venues toutes les grandes hérésies, à force de discussions absconses sur la Nature du Verbe. Aujourd'hui, on dirait que les Byzantins s'amusent à disserter sur le sexe des anges.

avec les poings, apitoyées par mon état, dirent : « Ταπεινέ καὶ ταλαίπωρε[57] !» Et que n'ai-je pas alors désiré, en levant les bras vers le ciel, pour lui, à savoir Nicéphore qui arrivait, et pour vous qui étiez absents ! Mais croyez-moi, il m'offrit une occasion de rire tout mon saoul : lui si petit montait un grand cheval qui ruait et mordait sa bride. En mon for intérieur, je me représentai une de ces poupées que vos esclaves attachent sur le poulain, quand ils le lâchent sans bride, pour qu'il suive sa mère qui va devant.

Quand tout fut terminé, je fus reconduit dans l'odieuse demeure mentionnée plus haut, auprès de mes concitoyens et de mes colocataires, cinq lions[58], et là, je ne pus parler avec personne d'autre que mes compagnons pendant trois semaines. Pour cette raison, je commençai à penser que Nicéphore ne voudrait jamais me laisser partir ; une immense tristesse s'empara de moi et la langueur vint s'ajouter à la langueur, à tel point que j'aurais perdu la vie si la mère de Dieu n'avait obtenu mon salut par ses prières auprès de celui qui est le Créateur et son fils, comme cela me fut révélé dans une vision non pas imaginaire mais véritable.

Durant ces trois semaines, Nicéphore avait pris une *metastasis*, c'est-à-dire une résidence en dehors de Constantinople, dans un lieu qu'on appelle Εἰς πήγας, c'est-à-dire « les Fontaines »[59], et il m'ordonna de l'y rejoindre. Alors que j'étais si affaibli qu'il me semblait difficile non

---

57. « Le pauvre », « le malheureux » (*NdT*).
58. Ce sont les gardes du corps personnels de Liutprand. Voir note 24, p. 50.
59. Le palais, résidence de printemps de l'empereur, est à côté d'un grand sanctuaire en l'honneur de Marie, la *Théotokos*, « Mère de Dieu » pour les Byzantins. Ce sanctuaire, nommé *Pègè*, « la Fontaine », comporte, encore aujourd'hui, une source curative que l'on peut boire.

seulement de me tenir debout mais également de rester assis, il me força à rester debout devant lui, la tête découverte, ce qui était totalement contre-indiqué vu ma mauvaise santé ; il me dit alors : « Les ambassadeurs de ton roi Otton, qui étaient venus avant toi l'année dernière[60], m'avaient juré (les documents attestant de leur serment sont ici) qu'il ne serait jamais fait outrage d'aucune manière à notre pouvoir impérial. Comment veux-tu qu'il m'outrage davantage quand il usurpe le nom d'empereur et qu'il s'approprie des territoires de notre Empire ? On ne peut supporter ni l'un ni l'autre ; mais si l'un et l'autre sont insupportables, on ne peut ni tolérer ni même accepter d'entendre que ton seigneur se fasse appeler empereur. Cependant, si tu confirmes ce que les ambassadeurs de ton seigneur ont accepté, alors notre majesté impériale te renverra rapidement chez toi, heureux et riche. » Il ne dit pas cela parce qu'il espérait, au cas où ma stupidité aurait obtempéré, que vous observiez ces engagements mais parce qu'il voulait avoir entre ses mains quelque chose à exhiber, à l'avenir, pour sa gloire et pour notre honte.

Je lui répondis : « Tout récemment mon très saint[61] seigneur, parce qu'il est très sage et rempli de l'esprit de Dieu, prévoyant ce que tu dirais, a écrit une ἐντόλινα, c'est-à-dire une instruction, afin que je ne transgresse pas les bornes qu'il avait fixées et il l'a scellée de son sceau afin que je ne transgresse pas les bornes – tu imagines, ô mon auguste seigneur, avec quelle confiance je parlais alors. Qu'on apporte donc cette ἐντόλινα ici, et tout ce

---

60. Certainement une allusion au marchand vénitien Dominicus, ou Dominique, et à son ambassade en Macédoine, peu auparavant, qui n'avait fait qu'embrouiller les choses.

61. Liutprand joue sur le mot grec *hagios* («saint») et *theos* («divin») adjectif qui appartenaient à la titulature de l'empereur de Byzance.

qu'il a ordonné, je te le confirmerai par serment. Si les ambassadeurs précédents ont fait des promesses, prononcé des serments et signé des documents, en outrepassant les instructions de mon seigneur, alors je te dirai avec Platon : « *Chacun est responsable de son choix et Dieu est hors de cause*[62]. »

Ayant épuisé le sujet, on en vint à parler des très nobles princes de Capoue et de Bénévent[63], qu'il nomme ses esclaves et qui lui causent de grandes souffrances. Il dit : « Ton seigneur a pris sous sa protection mes esclaves ; s'il ne les abandonne pas et s'il ne les rend pas à leur ancienne servitude, il devra se passer de notre amitié. Eux-mêmes réclament le retour sous notre souveraineté ; mais notre souveraineté les refuse afin qu'ils apprennent par l'expérience ce qu'il en coûte à des esclaves de se détourner de leur seigneur et de fuir la servitude. Il est beaucoup plus convenable pour ton seigneur de me les livrer en tant qu'ami que me les abandonner contre son gré. Quant à eux, ils feront clairement l'expérience, au cours de leur vie, de ce que cela signifie de tromper son seigneur et d'abandonner la servitude ; et, d'après moi, ils comprennent à l'heure qu'il est ce que je dis, puisque nos soldats, de l'autre côté de la mer, agissent en ce sens. »

Il ne me laissa pas l'occasion de répondre mais alors que je désirais partir, il m'ordonna de revenir à sa table. À côté de lui s'assit son père, un homme né, je pense, il y a cent cinquante ans[64]. Cependant les Grecs, dans leurs

---

62. Curieuse évocation, rigoureusement exacte, de Platon, *La République*, X, 617e.
63. Ce sont Pandolf Tête de Fer et son frère Landolf, qui jouèrent abondamment sur les retournements d'alliances pour s'assurer de leur indépendance.
64. Il s'agit du général Bardas Phocas, très redouté en son temps, qui devait avoir alors près de 90 ans.

louanges, ou plutôt dans leurs discours qui ne sont que du vent, demandent à Dieu de multiplier ses années, à lui comme à son fils. Dans ce simple fait, on peut voir combien les Grecs sont idiots, combien ils aiment, adulent et désirent ce genre de gloire[65]. Ils demandent non pas pour un vieillard, mais pour un cadavre ambulant, ce que la nature elle-même ne peut accorder, bien qu'ils en soient parfaitement conscients ; et le cadavre se réjouit qu'on lui souhaite cela, quoiqu'il ait conscience que Dieu ne peut l'accomplir, et que s'il l'accomplissait, cela ne lui profiterait pas mais cela lui nuirait ! Pourquoi donc, je me le demande, souhaitent-ils à Nicéphore, qu'ils qualifient de pacifique et nomment porteur de lumière, de se réjouir...[66] ? Croyez-moi, appeler viril un impuissant, sage un imbécile, grand un petit, blanc un noir, saint un pécheur, ce n'est pas une louange mais une insulte. Quant à celui qui préfère qu'on loue les qualités qu'il n'a pas plutôt que celles qui sont les siennes, il est en tous points semblable à ces oiseaux à qui la nuit permet de voir et que le jour aveugle.

Mais revenons à notre sujet. Durant ce banquet, l'Empereur ordonna, ce qu'il n'avait pas fait auparavant, qu'on lise à voix haute l'homélie de saint Jean Chrysostome sur les Actes des Apôtres[67]. À la fin de la lecture, comme je demandais la permission de rentrer auprès de vous, faisant non de la tête, il ordonna à mon persécuteur de me ramener auprès de mes concitoyens et de mes colocataires, les lions. Dans ces circonstances, il ne me reçut pas avant le 13e jour des calendes d'août[68] mais il me fit garder avec de grandes précautions afin que je ne

65. Phrase inspirée probablement de Juvénal, *Satires,* III, 86.
66. Lacune dans le texte (*NdT*).
67. Chrysostome, «Bouche d'or», était un père de l'Église du IVe siècle.
68. Le 20 juillet.

puisse parler avec personne qui pût me donner des indications sur ses faits et gestes. Entre-temps, il ordonna à Grimizon, l'envoyé d'Adalbert, de venir le voir et de s'en retourner accompagné de sa flotte, qui comprenait vingt-quatre *chelandia*[69], deux navires russes[70] et deux navires francs ; je ne sais pas s'il envoya d'autres navires que je n'ai pas vus. Ô mes seigneurs, augustes empereurs, la force de vos soldats n'a pas besoin, pour s'éveiller, de l'impuissance de ses adversaires ; cela se sait d'expérience chez ces peuples, dont les plus faibles, impuissants si on les compare aux autres, abattirent la puissance grecque et la contraignirent à leur verser un tribut ; de même que je ne provoquerai chez vous nulle terreur si je vous disais que les Grecs sont particulièrement forts et semblables à Alexandre de Macédoine, de même je ne chercherai pas à vous stimuler en décrivant leur impuissance, qui est pourtant conforme à la vérité. Je voudrais pourtant que vous me croyiez – vous me croirez, je le sais – quand je vous dis que quatre cents de vos hommes pourraient, s'ils n'étaient pas gênés par les fossés ou les murs, anéantir toute cette armée ; à la tête de cette armée, pour vous insulter, je suppose, Nicéphore a mis une espèce d'homme, je dis espèce car, bien qu'il ait cessé d'être un homme, il ne peut devenir une femme. Adalbert a fait savoir à Nicéphore qu'il disposait de huit mille hommes revêtus de cuirasses, avec lesquels il prétend, avec le soutien de l'armée argienne[71], vous mettre en fuite et vous abattre ; il demande à votre rival de lui envoyer de

69. Ce sont des navires de transport.
70. On a ici affaire aux *Rhôs*, un terme qui désigne les populations de la principauté de Kiev, composées de Slaves et de Scandinaves que l'on appelait à Byzance, où ils venaient pour commercer ou pour s'engager comme mercenaires, les Varègues.
71. Désigner les Grecs par le terme archaïque d'« Argiens » est une façon, pour un latin, d'exprimer son mépris envers eux.

l'argent, pour stimuler chez ses soldats l'envie de se battre.

Mais maintenant, ô mes seigneurs, *écoutez les ruses des Danaens, et, d'après ce seul homme que j'accuse, apprenez à les connaître tous*[72]. Nicéphore avait donné beaucoup d'argent à l'esclave qu'il avait chargé du commandement d'une armée de fortune, composée de mercenaires en des termes tels que si vraiment Adalbert disposait d'une armée de sept mille hommes, et, de plus, munis de cuirasses, comme il l'avait annoncé, l'argent devait alors être distribué aux soldats sous forme de don ; par la suite, de concert avec l'esclave et l'armée argienne, le frère d'Adalbert, Cona, devait vous combattre tandis qu'Adalbert veillait avec diligence sur Bari, jusqu'à ce que son frère puisse y revenir, après avoir obtenu la victoire. L'esclave avait également pour ordre, au cas où Adalbert venait sans les milliers d'hommes prévus, de se saisir de lui, de l'enchaîner et de vous le livrer lors de votre venue, et de vous donner à vous l'argent qui lui était dû. Quel guerrier ! Quelle loyauté ! il brûle de trahir celui pour qui il arme un défenseur ; il arme un défenseur, qu'il brûle de perdre ; il ne fait confiance à aucun des deux et trahit la confiance de l'un comme de l'autre ; il a fait ce dont il n'avait nul besoin et il aurait eu besoin de ce qu'il n'avait pas fait. Mais passons ; il agit selon la mode grecque ! Quant à nous, revenons à notre propos.

Le 14 des calendes d'août[73], il envoya sa flotte de bric et de broc, ce que je vis depuis mon odieuse demeure. Le jour suivant, jour où les futiles Grecs célèbrent l'ascension au ciel du prophète Élie par des jeux scéniques, il me fit venir à lui et me dit : « Notre souveraineté médite

---

72. Citation de Virgile, *Énéide*, II, 65-66. Les Danaens sont bien sûr les Grecs.
73. Le 19 juillet.

d'envoyer des troupes contre les Assyriens[74], et non contre des chrétiens, comme ton seigneur. Je voulais déjà le faire l'an dernier mais, quand j'ai eu entendu que ton seigneur voulait envahir les terres de notre Empire, je délaissai la question assyrienne et j'ordonnai de tourner les brides contre lui, contre ton seigneur ; en Macédoine, Dominique le Vénitien[75], son envoyé, nous créa des obstacles et, au terme de grands efforts et d'une grande dépense d'énergie, il nous trompa et nous convainquit de rentrer chez nous, nous faisant le serment que jamais ton seigneur ne pourrait songer à une chose pareille et encore moins le faire. Rentre donc (quand j'entendis cela, je rendis en silence grâce à Dieu) et raconte tout cela à ton seigneur ; s'il consent à me satisfaire, reviens toi-même. »

Je lui répondis : « Puisque ta très sainte souveraineté m'ordonne de voler au plus vite en Italie, qu'elle soit assurée que mon seigneur lui accordera ce qu'elle veut, et que c'est avec joie que je reviendrai auprès de toi. » Ce que je pensais vraiment en disant cela, hélas, ne lui échappa pas. En effet, il sourit et me fit en même temps un signe de la tête, pour que je l'adore jusqu'à terre et que je m'en aille ; puis il m'ordonna de rester dehors et de venir à un banquet qui empestait l'ail et l'oignon, et débordait d'huile et de sauce de poisson. Ce jour-là, je parvins à force de prières à lui faire accepter le présent qu'il avait si souvent dédaigné.

Comme nous étions assis à une table longue sans être large, qu'un manteau aurait couvert dans sa largeur, mais aurait laissé nue sur sa longueur, il s'adonna à un

---

74. C'est ainsi que les Byzantins désignaient les Arabes de Syrie, parfois aussi appelés Agarènes (du nom de leur ancêtre supposée à tous, Agar, esclave et maîtresse de Salomon), ou Sarrasins.

75. Voir la note 60, p. 66.

jeu d'origine franque, terme par lequel il désignait tant les Latins que les Teutons[76]. Il me demanda de lui dire où se trouvait la cité de mon évêché et comment elle s'appelait : « Il s'agit de Crémone, lui dis-je, qui se trouve assez proche du *Pô, le roi des fleuves italiens*[77]. Et puisque ta majesté s'active pour y envoyer une galère – quelle fortune de t'avoir vu et quelle fortune de t'avoir connu ! –, offre la paix à cet endroit, afin qu'il puisse, par ta grâce, au moins exister puisqu'il ne peut te résister. » Mais alors ce fourbe s'aperçut que j'avais parlé ironiquement ; avec un visage bienveillant, il promit de faire ainsi, et il jura par la sainte vertu de son saint Empire que je ne subirai aucun mauvais traitement, et que je parviendrais avec bonheur et rapidité au port d'Ancône à bord de ses navires ; et cela il me le jura en se frappant la poitrine du doigt.

Voyez donc en vérité avec quelle impiété il se parjura. Cela fut fait et cela fut dit le 13 des calendes d'août[78], un lundi ; à partir de cette date, pendant neuf jours, je ne reçus aucune gratification de lui, alors qu'à Constantinople régnait une telle disette[79] que je ne pouvais avec trois monnaies d'or me procurer un repas pour mes vingt-cinq compagnons et les quatre gardes grecs. Le mercredi de cette même semaine, Nicéphore quitta Constantinople pour combattre les Assyriens.

Le jeudi, son frère me fit demander et me dit : « Le saint Empereur est parti avant moi, mais je suis resté ici aujourd'hui au palais sur son ordre ; maintenant fais-moi savoir si tu désires voir le saint Empereur et si tu as

76. On avait en effet tendance, à Byzance, à dénommer « Francs » tous les peuples d'Occident, en affectant d'ignorer les noms de la multitude des peuples barbares.
77. Célèbre passage de Virgile, *Géorgiques*, I, 481.
78. Le 20 juillet.
79. Disette confirmée par les chroniqueurs grecs de l'époque.

quelque chose à lui dire que tu n'as pas encore dévoilé. »
Je lui répondis : « Je n'ai aucune raison de voir le saint
Empereur ni rien de nouveau à lui communiquer ; je
demande juste d'être emmené sur un navire, selon sa
promesse, jusqu'au port d'Ancône. » Quand il eut
entendu cela – tels sont les Grecs, *toujours disposés à se parjurer sur la tête d'autrui*[80] –, il se mit à jurer sur la tête de
l'Empereur, sur sa vie et sur celle de ses enfants – que
Dieu veuille les maintenir en vie autant qu'il a dit la
vérité –, qu'il le ferait. Comme je lui demandai :
« Quand ? », il me répondit : « Dès que l'Empereur sera
parti. Le *delongaris*[81], qui détient entre ses mains tout le
pouvoir sur les navires, s'occupera de toi, dès le départ
de l'Empereur. » Trompé par cet espoir, je le quittai, rempli de joie.

Deux jours plus tard, à savoir le samedi, Nicéphore
m'ordonna de venir le rencontrer à Bryas, un lieu éloigné de 18 miles de Constantinople[82]. Il me dit :

– Je pensais que l'homme hors du commun et honnête que tu es était venu ici pour réaliser toutes mes
volontés et lier une amitié éternelle entre moi et ton seigneur. Mais puisque ton cœur trop dur se refuse à le
faire, acquitte-toi seulement d'une seule tâche, dont tu
peux t'acquitter justement : ton seigneur ne devra pas
apporter d'aide aux princes de Capoue et de Bénévent,
mes esclaves, que je m'apprête à attaquer. S'il ne veut pas
donner de son bien, qu'il nous laisse du moins le nôtre. Il
est bien connu que leurs pères et leurs aïeux ont versé
des tributs à notre Empire ; et notre armée fera en sorte
que d'ici peu, ils fassent de même.

---

80. Encore un extrait de Juvénal, *Satires*, VI, 16-17.
81. C'est-à-dire le *drongaire*, « amiral » de la flotte.
82. Le palais de Bryas, sur la rive asiatique du Bosphore, avait été fondé par l'empereur Théophile en 837, à l'imitation des palais de Bagdad.

Je lui répondis :

— Tout d'abord, ces très nobles princes sont les vassaux de mon seigneur ; ce dernier, s'il apprend que ton armée les assaille, leur enverra des troupes pour anéantir les tiennes ; elles vaincront et s'empareront des deux provinces que tu possèdes au-delà de la mer.

Et lui se gonflant comme un crapaud et s'excitant, de dire :

— Va-t'en ! Par mon nom et par celui de mes parents qui m'ont mis au monde tel que je suis[83], je ferai en sorte que ton seigneur songe à tout autre chose que de défendre des esclaves fugitifs.

Comme je partais, il ordonna, par le truchement d'un interprète, que je fusse invité à un banquet ; puis il appela le frère de ces princes et Byzantius de Bari[84] et fit vomir moultes insultes contre vous et les peuples latin et teuton. Cependant, quand je quittai ce sinistre banquet, ils m'envoyèrent secrètement des messagers qui me jurèrent qu'ils n'avaient pas aboyé ces insultes de leur plein gré mais selon la volonté et l'ordre exprès de l'Empereur.

Durant le même banquet, Nicéphore en personne me demanda si vous possédiez des *perivolia*[85], c'est-à-dire des réserves d'animaux sauvages et si vous aviez des onagres ou d'autres animaux dans ces réserves. Je lui répondis que vous en aviez et qu'à l'exception des onagres, vous aviez des animaux dans vos réserves, il me dit : « Je vais te conduire dans notre *perivolium* et tu seras émerveillé de son étendue et de la présence d'onagres, c'est-à-dire

---

83. Liutprand prête à Nicéphore les mots de Virgile, *Énéide*, X, 597.

84. Il s'agit du frère des princes de Capoue et Bénévent. On ignore qui est ce Byzantius de Bari.

85. Les empereurs de Byzance entretenaient en effet des réserves d'animaux, tant pour la chasse que par imitation d'Adam, qui régnait, au Paradis terrestre, sur toutes les bêtes de la Création.

d'ânes sauvages. » Je fus donc emmené dans une réserve assez grande, montagneuse, pleine d'arbres fruitiers, très peu agréable ; alors que je chevauchais couvert de mon chapeau, le *curopalate* m'aperçut de loin et m'envoya avec célérité son fils pour me dire qu'il n'était pas permis à qui que ce soit d'aller la tête couverte là où se trouvait l'empereur, mais qu'on devait porter uniquement le foulard. Je lui répondis : « Ce sont les femmes qui portent des voiles quand elles vont à cheval, les hommes, eux, portent le chapeau. Il n'est pas convenable que vous me forciez ici à changer l'habitude de mes aïeux, alors que nous permettons à vos ambassadeurs, quand ils sont chez nous, de respecter les habitudes des leurs. Car, devant nous, vos ambassadeurs vont à cheval, marchent et s'asseyent à table avec leurs manteaux à grandes manches, leurs diadèmes et leurs fibules, leurs cheveux longs et leurs robes longues, et ce qui nous apparaît comme le comble du scandale, eux seuls viennent embrasser nos empereurs la tête couverte » – puisse Dieu ne pas le leur permettre plus longtemps ! ajoutai-je en moi-même. « Recule donc », me dit-il.

J'étais en train de le faire, quand s'approchèrent de moi, au milieu des chèvres, ces animaux qu'ils appellent onagres. Mais, je vous le demande, que sont ces onagres ? Rien de plus que les ânes domestiques de Vérone. Ils ont la même couleur, la même morphologie, les mêmes oreilles, ils émettent les mêmes sons quand ils commencent à braire, leur taille n'est pas différente, leur vitesse est identique et ils sont aussi doux que des loups. Quand je les vis, je dis au Grec qui m'accompagnait : « Je n'ai jamais vu d'animaux semblables en Saxe. » Et lui : « Si ton seigneur montre de la complaisance envers le saint Empereur, ce dernier lui en donnera beaucoup et il ne tirera pas une mince gloire de posséder ce qu'aucun de ses prédécesseurs n'a même vu. » Mais, croyez-moi, mes augustes seigneurs, mon confrère, Monseigneur l'évêque Antoine[86], peut vous en procurer qui ne sont en rien inférieurs, comme en témoignent les marchés de Crémone, à ceci près que les bêtes de Crémone ne sont pas des onagres mais des ânes domestiques et qu'elles vont chargées et non sans rien porter. Cependant, quand on rapporta les paroles que j'ai relatées plus haut à Nicéphore, il me fit don de deux chèvres et me donna la permission de partir. Le lendemain, lui-même partit pour la Syrie.

Mais, je vous en prie, apprenez donc pourquoi il dirigea alors son armée contre les Assyriens. Les Grecs et les Sarrasins ont des livres, qu'ils appellent ὁράσεις c'est-à-dire visions, de Daniel, que j'appelle quant à moi Livres sibyllins[87], dans lesquels il est écrit combien d'années vivra chaque empereur, ce qui se produira sous son règne, s'il y aura la paix ou la guerre et si la fortune sera favorable ou non aux Sarrasins. On y lit que, sous le règne de Nicéphore, les Assyriens ne pourront résister aux Grecs, mais qu'il ne lui reste que sept années à vivre ; après sa mort, un empereur pire que lui doit lui succéder – mais je ne pense pas qu'on puisse le trouver – qui sera plus incapable que Nicéphore sur le plan militaire ; durant son règne, les Assyriens doivent connaître une telle fortune qu'ils s'empareront par la force de tous les

86. Évêque de la ville de Brescia, diocèse proche de Crémone.
87. On prêtait en effet au prophète de la Bible Daniel un grand nombre de textes de facture apocalyptique très en vogue au Moyen Âge ; il n'est pas impossible que ces textes apocryphes aient en outre été connus des Arabes. Les Livres sibyllins auxquels Liutprand fait allusion sont des textes ésotériques dont la tradition remonte à l'Antiquité. Ils avaient surtout la réputation de contenir, issues de pratiques divinatoires, des prédictions sur le devenir des princes. Du reste, la pratique de l'astrologie ou de la divination était courante à Byzance, et notamment lorsqu'il s'agissait des Arabes : tel auteur fit même leur thème astral.

territoires jusqu'à Chalcédoine, qui n'est pas très éloignée de Constantinople[88]. Les uns comme les autres observent la succession des époques ; animés d'un seul et même espoir, les Grecs attaquent les Sarrasins, qui, désespérés, ne résistent pas et attendent le moment d'attaquer à leur tour, quand les Grecs ne pourront pas résister.

Pourtant un certain Hippolyte, évêque de Sicile[89], a écrit les mêmes choses sur votre Empire et notre peuple – par « notre » peuple, je désigne tout le peuple sur lequel vous régnez – ; et fasse le ciel qu'il ait dit vrai quand il a écrit sur l'époque actuelle ! Ses autres prophéties se sont réalisées jusqu'à présent, c'est du moins, selon ce que j'ai entendu, ce que disent ceux qui connaissent ses livres. Et de ses nombreuses prophéties, j'en rapporterai une seule. Il dit en effet que de nos jours va s'accomplir cette phrase de l'Écriture : « Λέων καὶ σκίμνος ὁμοδιώξουσιν ὄναγρον. » Ce qui signifie en latin : « Le lion et le lionceau extermineront ensemble l'onagre. » Les Grecs en donnent l'interprétation suivante : Le lion, c'est-à-dire l'empereur des Romains ou des Grecs, et le lionceau, à savoir le roi des Francs, extermineront à notre époque l'onagre, c'est-à-dire le roi africain des Sarrasins. Cette interprétation ne me semble pas juste puisque le lion et le lionceau, bien que de grandeur différente, ont pourtant la même nature, le même aspect et les mêmes habitudes ; selon mes propres connaissances, à ce qu'il me semble, si le terme de lion convient à l'empereur des Grecs, celui de lionceau n'est pas applicable au roi des Francs. Bien que l'un et l'autre en effet soient des hommes, tout comme le lion et le lionceau sont tous deux des animaux, ils sont

---

88. Sur l'autre rive du Bosphore, en fait en face de Constantinople.
89. Cet Hippolyte, qui vécut au IIIᵉ siècle, fut peut-être clerc mais ne fut pas évêque. Il vécut en Sardaigne et non en Sicile.

différents sur le plan des mœurs et je ne parle pas simplement de la différence entre un aspect et un autre mais de la différence entre un objet sensible et un objet insensible. Rien en effet ne distingue le lion du lionceau, si ce n'est l'âge ; ils ont le même aspect, la même rage, le même rugissement. Le roi des Grecs est chevelu, porte une tunique aux manches larges avec un voile, il est menteur, fourbe, dénué de miséricorde, rusé comme un renard, orgueilleux, faussement humble, pingre, avide, il mange de l'ail, de l'oignon et du poireau et boit de la piquette[90] ; le roi des Francs au contraire est bien coiffé, revêt des vêtements qui ne sont pas féminins, il porte le bonnet, il dit la vérité, ne pratique pas la ruse, se montre miséricordieux quand c'est nécessaire, et sévère quand il le faut ; il est toujours véritablement humble, n'est jamais pingre et il ne préserve pas son bétail en mangeant de l'ail, de l'oignon et du poireau, afin de gagner de l'argent en le vendant au lieu de le manger. Vous avez entendu les différences ; n'acceptez donc pas cette interprétation : soit elle s'accomplira plus tard soit elle n'est pas vraie. Or il est impossible que Nicéphore, comme ils le disent mensongèrement, soit un lion et qu'Otton soit un lionceau et qu'ils s'unissent pour exterminer quelqu'un. Avant en effet qu'ils parcourent ensemble les confins de leurs territoires, avant que Nicéphore et Otton deviennent amis et concluent une alliance, *le Parthe exilé boira l'eau de la Saône et le Germain, celle du Tigre*[91] !

Vous avez entendu l'interprétation des Grecs, écoutez donc maintenant celle de Liutprand, évêque de Crémone. Car je dis – je ne me contente d'ailleurs pas de le dire, je l'affirme ! –, que si cette prophétie doit s'accom-

---

90. C'est par ce terme familier que j'ai cherché à rendre le terme *balnea* en latin, qui signifie, si l'on suit le dictionnaire Du Cange, un genre de boisson peu délicat (*NdT*).

91. Vers de Virgile, *Bucoliques*, I, 62-63.

plir de notre temps, le lion et le lionceau, le père et le fils, Otton et Otton, que rien ne distingue si ce n'est l'âge, extermineront ensemble à notre époque l'onagre, c'est-à-dire l'âne sauvage Nicéphore, qui n'est pas sans raison comparé à un âne sauvage au regard de la vanité de sa gloire et de son mariage incestueux avec sa maîtresse, qui n'est autre que sa commère[92]. Si cet onagre n'est pas exterminé maintenant par notre lion et notre lionceau, Otton et Otton, père et fils, augustes empereurs des Romains, alors ce qu'a écrit Hippolyte ne sera pas vrai. Car l'interprétation des Grecs exposée plus haut doit être rejetée. Mais, ô doux Jésus, Dieu éternel, Verbe du Père, qui t'adresses à nous, quoique nous en soyons indignes, non par ta voix mais par une inspiration, tu ne voudrais pas en cette affaire d'autre interprétation que la mienne! Ordonne donc que ce lion et ce lionceau exterminent et humilient cet onagre dans son corps, afin que son esprit, rentré en lui-même et soumis à ses seigneurs, les empereurs Basile et Constantin, soit sauvé quand viendra l'heure du Seigneur.

Les astrologues prédisent également la même chose sur vous et sur Nicéphore. J'ai en effet eu une conversation avec un astrologue, qui m'a décrit en toute vérité vos traits et vos mœurs, ô mon auguste seigneur, ainsi que ceux de votre auguste homonyme et qui m'a parlé de tout mon passé comme s'il s'agissait du présent. Et parmi tous les amis ou ennemis sur lesquels je pensai à l'interroger, il n'y en eut aucun dont il ne pût me décrire les traits, les habitudes et les mœurs. Il me prédit également toutes les calamités qui devaient m'arriver pendant ce

---

92. Théophano, d'abord épouse de Romain II, avait été en effet la maîtresse de Nicéphore avant leur mariage. Et plus grave, Nicéphore, étant l'un des parrains des petits empereurs Basile et Constantin, s'était mis en état d'inceste en se mariant à la mère de ses filleuls.

voyage. Mais que tout ce qu'il a prédit ne soit que mensonge, pourvu que soit vraie, comme je l'espère, une seule prédiction : ce que vous ferez subir à Nicéphore ! Fasse le Ciel, oui, fasse le Ciel que cela se produise ; alors j'estimerai n'avoir rien subi de fâcheux !

Hippolyte, que j'ai mentionné plus haut, écrit également que les Grecs ne doivent pas anéantir les Sarrasins, mais les Francs. Les Sarrasins, encouragés par ce texte, ont attaqué, il y a trois ans, le patrice Manuel, le neveu de Nicéphore, aux alentours de Charybde et Scylla, dans la mer de Sicile[93]. Quand ils eurent vaincu ses immenses troupes, ils le capturèrent et pendirent son corps, après l'avoir fait décapiter. Quand ils s'emparèrent de son allié et compagnon d'armes[94], qui n'appartenait à aucun des deux sexes, ils ne daignèrent pas l'exécuter, mais ils l'enchaînèrent et l'épuisèrent d'une longue captivité, puis ils le mirent en vente pour un prix tel qu'aucun homme sain d'esprit n'aurait songé à l'acheter, surtout un homme de cette sorte.

Peu après, inspirés par le même texte, ils attaquèrent, avec la même ardeur, le *magistre Hexaconte*[95] ; ils le mirent en fuite et massacrèrent ses troupes de toutes les façons possibles.

Mais il y a une autre raison qui pousse actuellement Nicéphore à envoyer ses troupes contre les Assyriens. En ce moment en effet, selon la volonté de Dieu, une disette s'est propagée dans tout le pays des Argiens[96], telle qu'une monnaie d'or ne suffit pas à acheter deux setiers de Pavie de blé, et cela même dans les endroits ou règne

---

93. Allusion au désastre byzantin de Rametta, près de Messine, le 25 octobre 964.
94. L'eunuque Nicétas qui, d'après d'autres sources de l'époque, aurait été bien traité par le calife de Palerme.
95. On ne voit pas bien à qui pense ici Liutprand.
96. Ce terme archaïque désigne la Grèce, voir la note 71, p. 69.

une certaine abondance. Avec l'aide des rats, Nicéphore a encore aggravé cette disette parce qu'au moment de la moisson, il a fait centraliser toutes les vivres de tous les endroits du pays et les a achetées à très vil prix, malgré les vives protestations des propriétaires. Il fit la même chose près de la Mésopotamie où, en l'absence de rats, la récolte était plus qu'abondante, et il amassa une quantité de grains comparable à celle des grains de sable dans la mer. Quand il eut donc, par cet ignoble et vil commerce, créé une cruelle disette absolument partout, il fit venir à lui 80 000 hommes sous prétexte de service militaire et leur vendit pendant un mois entier au prix de deux pièces d'or ce qu'il avait acheté pour une[97]. Voici donc, ô mon seigneur, les raisons qui poussèrent Nicéphore à mener ses troupes contre les Assyriens. Mais de quelles troupes s'agit-il, je vous le demande ? Je vous l'assure, ce ne sont pas des hommes mais des semblants d'hommes, à la langue aussi audacieuse que *leur dextre est sans ardeur au combat*[98]. Nicéphore ne recherche pas en eux la qualité mais seulement la quantité; de cette conduite périlleuse, Nicéphore sera bientôt puni, quand ses mauvais soldats, encouragés par leur multitude, seront massacrés par les nôtres, certes bien moins nombreux, mais rompus à la guerre et même assoiffés de guerre.

Tandis que vous assiégiez Bari, trois cents Hongrois, à eux seuls, firent prisonniers, près de Thessalonique, cinq cents Grecs et les emmenèrent en Hongrie. Le succès de cette opération poussa deux cents Hongrois à faire de même en Macédoine, à peu de distance de Constantinople ; comme ils s'en retournaient sans prendre de précautions, par une route étroite, quarante d'entre eux

---

97. L'Empire connut en effet à cette époque plusieurs disettes, et un chroniqueur byzantin, ennemi de Nicéphore, Léon le Diacre, l'accusa lui aussi de spéculation.
98. Emprunt à Virgile, *Énéide,* XI, 338-339.

furent faits prisonniers et Nicéphore, à l'heure qu'il est, les a tirés de leur prison, habillés de vêtements extrêmement précieux, a fait d'eux ses protecteurs et ses gardes du corps et les a emmenés avec lui dans sa campagne contre les Assyriens. En vérité, vous pourrez juger la qualité de son armée quand je vous aurai dit que ses meilleurs éléments sont Vénitiens et Amalfitains[99].

Maintenant, laissons cela, et écoutez plutôt ce qui m'arriva. Le 6 des calendes d'août[100], je reçus de Nicéphore, à Bryas, près de Constantinople, la permission de retourner auprès de vous. Comme je rentrais à Constantinople, l'eunuque Christophe, patrice, qui gère le royaume en l'absence de Nicéphore[101], me fit savoir que je ne pouvais m'en retourner alors, parce que les Sarrasins contrôlaient les routes maritimes et les Hongrois les routes terrestres. Je devais donc attendre qu'ils lèvent le camp. Mais, ô douleur, dans les deux cas, il s'agissait d'un mensonge. On disposa alors des gardes autour de ma demeure qui nous interdisaient toute sortie, à moi et aux miens. Des pauvres de langue romane vinrent me trouver pour recevoir l'aumône ; ils furent arrêtés, puis jetés en prison ou assassinés ; mon « grécologue », c'est-à-dire celui de mes hommes qui connaissait le grec, n'était pas autorisé à sortir, pas même pour faire les courses ; seul mon cuisinier, qui ignorait le grec, avait cette permission : quand il voulait acheter quelque chose, il ne

---

99. La pratique d'employer des mercenaires étrangers était en effet fort répandue à Byzance, et très ancienne ; en outre la politique qui consistait à engager dans l'armée les ennemis de la veille avait depuis longtemps fait ses preuves. Liutprand rappelle en passant que la gloire d'Otton est d'avoir vaincu, quant à lui, l'ensemble de l'armée hongroise à Lechfeld. Venise et Amalfi, alors républiques marchandes, pèsent encore de peu de poids aux armes à cette époque.

100. Le 27 juillet.

101. On ne sait trop qui est ce Christophe.

pouvait se faire comprendre par le marchand par des mots mais seulement par des signes des doigts ou de la tête, et ce qu'il achetait de victuailles pour quatre deniers, mon grécologue l'eût acheté pour un seul.

Quand un de mes amis s'avisait de m'envoyer des épices, du pain, du vin ou des fruits, les gardes renversaient tout sur le sol et renvoyaient les porteurs, après les avoir copieusement roués de coups. Et si la clémence divine n'avait placé *sous mes yeux une table face à mes adversaires*[102], j'aurais sans doute subi la mort qu'on me préparait ; mais Celui qui permit qu'on me mît à l'épreuve, m'accorda, dans sa miséricorde, de pouvoir l'endurer. Voilà dans quel péril je fus mortifié à Constantinople, entre le 2 des nones de juin et 6 des nones d'octobre[103], soit cent vingt jours.

Cependant, comble de mes malheurs, le jour de l'Assomption de la sainte mère de Dieu, la Vierge Marie, fâcheux présage pour moi, arrivèrent les ambassadeurs du seigneur apostolique et universel, le pape Jean[104] ; ils apportaient une lettre dans laquelle il demandait à Nicéphore, empereur des Grecs, de lier des liens familiaux et d'établir une amitié solide avec son cher fils spirituel Otton, auguste empereur des Romains. Comment ces paroles, comment cette formulation, que les Grecs jugèrent criminelles et impudentes, n'entraînèrent-elles pas la mort de celui qui les apportait ? Comment ce messager ne fut-il pas massacré avant qu'on ne lise son message ? Moi qui d'habitude picore un peu partout et fais beaucoup de bruit[105], je restai dans cette affaire muet

---

102. Encore le Psaume 22,5. Lors de sa première ambassade, les « ennemis » de Liutprand étaient alors Bérenger et les siens.

103. Du 4 juin au 2 octobre.

104. Le pape en question est Jean XIII (964-972), qui, comme Léon VIII avant lui, a été imposé à Rome par Otton.

105. Il y a là une allusion probable aux Actes des Apôtres, 17,18,

comme une carpe. Les Grecs injuriaient la mer et lui lançaient des imprécations, s'étonnant avec outrance qu'elle ait pu transporter un message si criminel et que les flots ne se soient pas ouverts pour engloutir le navire. Ils disaient : « Avoir osé appeler l'empereur universel des Romains, l'auguste, le grand, l'unique Nicéphore, empereur des Grecs et nommer un barbare quelconque, pauvre de surcroît, empereur des Romains ! *Ô ciel ! Ô terre ! Ô mer[106] !* Mais que ferons-nous, ajoutaient-ils, à ces scélérats, à ces criminels ? Ils sont pauvres et si nous les tuons, nous salirons nos mains d'un sang infâme ; ce sont des va-nu-pieds, des esclaves, des rustres ; si nous les frappons, ce ne sont pas eux mais nous-mêmes que nous déshonorerons, car ils ne sont dignes ni des boucliers dorés romains ni d'aucun supplice de ce genre. Plût au ciel que l'un fût évêque et l'autre marquis ! Alors, après les avoir copieusement frappés de verges, nous leur arracherions la barbe et les cheveux, puis nous les coudrions dans des sacs et les jetterions à la mer. Mais, disaient-ils, épargnons-les et laissons-les subir une dure captivité, jusqu'à ce que le très saint empereur Nicéphore apprenne ces infamies. »

Quand j'eus appris cela, je les jugeai heureux d'être pauvres et moi malheureux, parce que j'étais riche. Quand j'étais dans mon pays, ma volonté trouvait des excuses pour ma pauvreté, mais à Constantinople, la peur me faisait croire que je possédais les richesses de Crésus. La pauvreté, qui m'a toujours semblé pénible, me semblait alors légère et je l'aurais acceptée voire

---

où il est question d'un perroquet. Liutprand se dépeint ironiquement sous les traits d'un oiseau picoreur, qui répète inlassablement des lieux communs : ici, l'évêque de Crémone ferait, avec malice, de la désignation de Nicéphore comme « empereur des Grecs » un lieu commun…

106. Vers de Térence, *Les Adelphes*, 790.

embrassée ; car on doit l'embrasser, celle qui permet à ses sujets d'échapper à la mort et à la flagellation : étant donné que la pauvreté seule défend ainsi ses sujets à Constantinople, c'est seulement en cet endroit qu'il faut l'aimer de cette façon.

Après que les envoyés du seigneur apostolique furent envoyés en prison, on envoya cette lettre, tissu d'infamies, à Nicéphore en Mésopotamie ; jusqu'au 2 des ides de septembre[107], on ne vit point revenir le messager chargé de la réponse. Je n'assistai point à son retour mais deux jours après, à savoir le 18 des calendes d'octobre[108], j'obtins, à force de prières et de cadeaux de pouvoir aller adorer le bois vivifiant et salutaire de la Croix[109] ; il y avait là un tel tumulte que, à l'insu de mes gardiens, certaines personnes purent venir à moi et, par de furtives conversations, changèrent mon humeur d'une lugubre morosité à l'hilarité.

Le 15 des calendes d'octobre[110], à mi-chemin entre la vie et la mort, je fus convoqué au palais. Je fus reçu par l'eunuque Christophe, patrice, qui m'accueillit avec bienveillance et se leva, en compagnie de trois autres personnes, lors de mon arrivée. Voici comment ils engagèrent la conversation :

– *La pâleur qui règne sur ton visage, la maigreur de tout ton corps*[111], ta tête hirsute, ta barbe longue, contrairement à l'usage, montrent la tristesse de ton cœur, puisque l'heure de retourner auprès de ton seigneur a encore été retardée. Nous te prions néanmoins de ne pas nous en tenir

---

107. Le 12 septembre.
108. Le 14 septembre.
109. Fête de l'Exaltation de la Croix. Ici Liutprand vénère certainement un morceau de la relique de la Croix.
110. Le 17 septembre.
111. Extrait d'Ovide, *Métamorphoses*, II, 775. Il s'agit de la description de l'Envie.

rigueur, ni à notre saint Empereur ni à nous : nous allons te donner la raison de ce retard. Le pape de Rome – si du moins on doit l'appeler pape, lui qui fut lié au fils d'Albéric[112], un apostat, un adultère et un sacrilège et qui a partagé sa charge avec lui – le pape donc, a envoyé à notre saint Empereur une lettre bien digne de lui mais indigne de leur destinataire, puisqu'il le nomme empereur des Grecs et non empereur des Romains ; qu'il ait agi sur l'ordre de ton seigneur n'est pas ἀμφίσβητον[113].

En moi, je pensai : « Qu'entends-je ? je suis perdu : sans aucun doute je vais immédiatement être envoyé au prétoire[114] ! »

– Écoute maintenant, dirent-ils : tu veux nous dire que ce pape est l'homme le plus stupide des hommes, nous le savons, et même nous l'affirmons.

Et moi de répondre :

– Mais je ne dis pas du tout cela.

– Mais écoute donc : ce pape insensé et niais ignore que le saint Constantin a apporté ici les sceptres impériaux ainsi que tout le Sénat et toute la chevalerie de Rome, n'y laissant que les vils esclaves, les pêcheurs, les pâtissiers, les oiseleurs, les bâtards, les plébéiens et les serfs. Il n'aurait jamais écrit cela si ton roi ne le lui avait suggéré : s'ils ne font acte de repentance, le futur révélera bien vite combien leur attitude a été dangereuse pour tous deux.

– Mais, dis-je, le pape, qui brille par sa simplicité, n'a pas songé en écrivant cela à insulter l'Empereur mais à l'honorer ! Certes, nous savons que l'empereur romain Constantin[115] est venu ici avec la chevalerie romaine, a

112. Le pape Jean XII.
113. *Amphisbèton*, « douteux ».
114. Le prétoire était l'une des prisons – de mauvaise réputation – de Constantinople.
115. Constantin Ier (IVe siècle), fondateur de Constantinople.

fondé cette cité et l'a nommée d'après son nom; mais puisque vous avez changé de langue, de mœurs et d'habits, le très saint pape a pensé que le nom de Romain vous déplaisait autant que leurs habits. Si la vie nous est laissée, les prochaines lettres le prouveront, dont l'intitulé sera le suivant: «Jean, pape romain, salue Nicéphore, Constantin et Basile[116], grands et augustes empereurs des Romains.»

Et maintenant, je vous en prie, voyez pourquoi j'ai dit cela.

C'est par le parjure et l'adultère que Nicéphore est parvenu au faîte du pouvoir. Puisque la mission du pape consiste à veiller au salut de tous les chrétiens, que le seigneur pape envoie à Nicéphore une lettre en tous points semblable à ces sépulcres, dont l'extérieur est blanchi et l'intérieur plein des ossements des morts[117]; qu'il lui reproche dans cette lettre de s'être emparé de la monarchie au détriment de ses seigneurs, grâce au parjure et à l'adultère; qu'il l'invite à un synode et s'il ne vient pas, qu'il le frappe d'anathème[118]. Cependant, si l'intitulé tel que je l'ai mentionné plus haut fait défaut, la lettre ne parviendra pas jusqu'à l'Empereur.

Revenons maintenant à notre propos. Quand les princes eurent entendu la promesse relative à l'intitulé, ne soupçonnant pas la moindre ruse, ils dirent:

– Nous te rendons grâce, ô évêque; il convient en effet que ta sagesse intervienne comme médiatrice dans

---

116. Nicéphore Phocas, Basile II et Constantin VIII étaient en effet associés tous trois à l'Empire.

117. Référence choisie à Mathieu 23,27: «Malheur à vous, scribes et Pharisiens hypocrites, qui ressemblez à des sépulcres blanchis: au-dehors, ils ont belle apparence, mais au-dedans ils sont pleins d'ossements de morts et de toute pourriture.»

118. L'anathème est une malédiction majeure, lancée par un haut dignitaire religieux, qui entraîne la damnation éternelle.

des affaires si importantes. Parmi les Francs, tu es le seul que nous aimons à l'heure qu'il est; mais quand ils auront mis un terme à leurs incorrections, grâce à tes exhortations, nous aimerons les autres aussi; et quand tu reviendras nous voir, *tu ne repartiras pas sans un présent de notre main*[119].

— C'est une couronne d'or et un sceptre que me donnera Nicéphore, le jour où je reviendrai en ce lieu, dis-je en silence.

— Mais, dirent-ils, ton seigneur veut-il nouer amitié avec le très saint Empereur en concluant un mariage?

— Quand je suis arrivé ici, il le voulait, répondis-je; mais, puisqu'il n'a pas reçu de lettre, vu que je me suis attardé longtemps ici, il doit imaginer un σφάλμα, c'est-à-dire une faute de votre part et penser que je suis prisonnier et enchaîné; et toute son âme bouillonne, comme celle de la lionne à qui on a dérobé ses lionceaux, et poussé par une juste amertume, il cherche vengeance, prend ce mariage en horreur et vomit sa colère sur vous.

— S'il commence un conflit, dirent-ils, alors, nous le disons fort, ni l'Italie ni même ce pays misérable où il est né, aux habitants *gounnati*, c'est-à-dire couverts de fourrures, la Saxe, ne lui serviront de refuge; avec la puissance que nous procure notre argent, nous ferons se lever toutes les nations contre lui et c'est comme une céramique, c'est-à-dire un vase d'argile qu'on ne peut réparer une fois cassé, que nous le briserons. Et maintenant, puisque nous supposons que tu as acheté des manteaux en son honneur, nous t'ordonnons de les faire porter ici: ceux qui sont dignes de vous seront frappés d'une bulle de plomb et on vous autorisera à les emmener; ceux qui au contraire sont κολυόμενα, c'est-à-dire

---

119. Une référence à Virgile, *Énéide,* V, 305.

interdits à toutes les nations sauf à nous, Romains, on vous en remboursera le prix et ils seront confisqués.

C'est ce qu'ils firent : ils me confisquèrent cinq manteaux de pourpre extrêmement précieux, parce qu'ils pensaient que vous étiez indignes, vous, ainsi que tous les Italiens, les Saxons, les Francs, les Bavarois, les Suèves, somme toute que toutes les nations étaient indignes de porter de tels vêtements. Quelle honte, quel outrage, qu'ils aillent vêtus de pourpres, eux qui sont mous, efféminés, qui portent des manches larges, des turbans et des vêtements de femmes, ces menteurs, ces châtrés, ces paresseux, mais que les héros, les hommes courageux, rôdés à l'art de la guerre, pleins de foi et d'amour, soumis à Dieu et pleins de vertus n'y soient pas autorisés ! De quoi s'agit-il donc, si ce n'est d'un outrage ?

– Mais, leur dis-je, que faites-vous de la parole de l'Empereur ? de la promesse impériale ? Car quand je pris congé de lui, je lui demandai la permission d'acheter, pour faire honneur à mon église, des manteaux aussi précieux qu'il me plairait ; il me dit alors : « Ceux que tu voudras et autant qu'il te plaira » ; en spécifiant ποιότητα καί ποσότητα, c'est-à-dire la qualité et la quantité, il n'a absolument pas fait la distinction, qu'il aurait faite en disant : « Exceptés ces manteaux-ci et ces manteaux-là. » Léon, *curopalate*, son frère, en est témoin de même que l'interprète Évodisius, Jean et Romain ; j'en témoigne moi-même, puisque j'ai compris, malgré l'absence de l'interprète, ce que disait l'Empereur.

– Mais ces manteaux sont κολυόμενα, c'est-à-dire interdits, répondirent-ils. Quand l'Empereur a dit ce que tu nous rapportes, il n'a pas pu penser à de tels manteaux, comme tu le rêves ; tout comme nous devons l'emporter sur les autres nations par les richesses et la science, nous devons l'emporter par notre vêtement, de telle sorte que ceux que leurs vertus font briller d'une grâce singulière présentent une grâce non moins singulière dans leur habillement.

– Ce manteau peut perdre sa singularité, dis-je, puisque, chez nous, ce sont les prostituées à une obole et les vieux palefreniers qui le portent !

– D'où vous parviennent-ils ? demandèrent-ils.

– Des marchands de Venise et d'Amalfi, répondis-je, qui nous les fournissent en échange des denrées nécessaires à leur subsistance.

– Ils ne le feront plus désormais ! dirent-ils. On examinera en détail leurs marchandises et si l'on trouve de pareilles choses, les coupables seront punis de coups de bâton et on leur tondra le crâne.

– Au temps de l'empereur Constantin[120], d'heureuse mémoire, je suis déjà venu ici ; je n'étais pas encore évêque mais simple diacre ; j'étais envoyé non par un empereur ou un roi mais par le marquis Bérenger, et j'ai acheté beaucoup plus de manteaux, et d'une bien plus grande valeur, sans qu'ils ne soient inspectés ni même examinés par les Grecs et sans qu'ils soient marqués d'une bulle de plomb. Et maintenant que je suis, par la grâce de Dieu, évêque, et envoyé par les magnifiques empereurs Otton et Otton, père et fils, je suis traité avec si peu d'honneur que mes manteaux sont inspectés, comme on le fait pour les marchands vénitiens, et qu'on me prive de ceux qui semblent d'une certaine valeur, quand je les emporte seulement pour l'usage de l'église dont j'ai la charge. N'en avez-vous pas assez de m'outrager, ou plutôt d'outrager mes seigneurs à travers moi : vous m'avez mis sous bonne garde, vous m'avez crucifié par la faim et la soif, vous m'avez empêché de rentrer auprès d'eux et retenu jusqu'à aujourd'hui, et pour

---

120. Liutprand parle de la première ambassade qu'il effectua sous Constantin VII.

comble de déshonneur, vous me spoliez de mes propres biens ! Ne saisissez donc que ce que j'ai acheté et laissez-moi ce que m'ont offert mes amis.

— L'empereur Constantin, dirent-ils, un homme doux qui restait toujours au palais, s'était acquis l'amitié des nations par de tels procédés. En revanche, l'empereur Nicéphore, un homme ταχύχειρ, c'est-à-dire qui se dédie au maniement des armes, déteste son palais comme la peste, à tel point que c'est tout juste si nous ne l'appelons pas chercheur de noise et querelleur ; lui ne se concilie pas les nations à prix d'argent mais ils les soumet par la terreur et le fer. Et afin que tu saches le cas que nous faisons des rois, tes seigneurs, tous les manteaux de cette couleur, que tu les aies achetés ou qu'on te les ait offerts, reviendront à nous par le même chemin.

Aussitôt dit, aussitôt fait. Puis ils me remirent pour vous un χρυσοβούλιον, c'est-à-dire une lettre écrite et signée avec de l'encre d'or, mais qui n'était pas digne de vous, selon moi[121]. Ils apportèrent également une autre lettre, signée à l'encre d'argent et me dirent :

— Nous avons jugé votre pape indigne de recevoir une lettre de l'Empereur ; c'est donc le *curopalate*, le frère de l'Empereur, qui lui en envoie une, bien suffisante pour lui ; c'est à toi et non à ses pauvres envoyés qu'il la confie ; qu'il sache que, s'il ne se rétracte pas, il sera complètement anéanti.

Quand je l'eus reçu, ils prirent congé de moi et me renvoyèrent, me donnant des embrassades assez joyeuses et assez aimables. Mais comme je prenais le chemin du retour, ils m'envoyèrent une escorte qui, si elle n'était pas digne de moi, l'était bien d'eux puisqu'ils mirent des

---

121. Bien qu'il ne soit pas écrit en lettres pourpres, il s'agit apparemment d'un chrysobulle (*chrysobulôn*), acte officiel impérial dont on a déjà parlé (voir p. 18).

chevaux à notre disposition, à moi et à ceux de ma suite sans en prévoir aucun pour les bagages ; c'est ainsi que, tout perturbé que j'étais de la situation, je versai une somme de cinquante pièces d'or à mon διασωστής, c'est-à-dire mon guide. Et comme je ne disposais alors d'aucun moyen de rendre à Nicéphore tout le mal qu'il m'avait fait, je gravai sur un mur et sur la table de bois de la demeure invisible les petits vers qui suivent :

> La foi des Grecs n'est pas sûre ; garde-toi bien de les croire, Latin, et souviens-toi de ne pas attacher foi à leurs paroles ! Quand elle a la possibilité de vaincre, Argos se parjure avec sainteté ! Cette haute demeure aux différentes sortes de marbre, aux trop larges fenêtres, n'a pas d'eau et n'est accessible qu'à celui qui y est enfermé ; si elle accueille le froid, la cruelle ne repousse pas la chaleur : c'est là que, moi, Liutprand, prélat de la ville de Crémone, après avoir quitté l'Ausonie[122] pour Constantinople, par amour de la paix, j'ai été enfermé pendant quatre mois d'été. L'empereur Otton avait en effet mis le siège devant Bari, et tenté de soumettre ce lieu à son pouvoir par les massacres et les flammes mais sur mes supplications, *il s'en retourna vainqueur vers les cités romaines. Ces menteurs de Grecs*[123] avaient promis une bru. Si seulement elle n'était pas née, je n'aurais pas connu la douleur d'être venu ici et je ne connaîtrais pas, Nicéphore, ta rage, toi qui empêches le mariage de ta belle-fille et du fils de mon seigneur ! Voici venir le jour où, poussé par les âpres Furies, si Dieu ne l'empêche, *Mars se déchaînera sur le monde entier*[124] et où la paix, que tous doivent rechercher, s'éteindra à cause de ton crime !

122. L'Ausonie désigne le pays antique des Romains de Rome.
123. Deux citations de Virgile, *Énéide,* II, 95, et de Juvénal, *Satires,* X, 174.
124. Emprunt à Virgile, *Géorgiques,* I, 511.

Quand j'eus écrit ces vers, le 6 des nones d'octobre, à la dixième heure[125], je quittai cette cité, jadis opulente et florissante entre toutes, désormais famélique, parjure, menteuse, fourbe, voleuse, cupide, avare et vaniteuse, en compagnie de mon guide, sur un petit bateau ; pendant quarante-neuf jours, j'allai à dos d'âne, à pied, à cheval, accablé par la faim et la soif, poussant des soupirs, pleurant et gémissant pour arriver à Naupacte, c'est-à-dire la cité de Nicopolis ; là, mon guide nous fit monter dans deux petits bateaux et donna l'ordre à deux officiers de nous conduire par voie de mer à Otrante ; puis il nous quitta. Mais comme ils n'avaient pas reçu d'*entolina*, c'est-à-dire d'ordre de réquisition de la part des princes Grecs, ils étaient méprisés où qu'ils aillent et ils ne nous nourrissaient pas : au contraire, c'était nous qui devions les nourrir. Très souvent, je remâchai en moi-même cette phrase de Térence : « *Ils ont grand besoin d'un protecteur, ceux que tu me donnes pour défenseurs*[126]. »

Je quittai Naupacte le 9 des calendes de décembre[127] et je parvins en deux jours à l'embouchure du fleuve Fidaris[128], en même temps que mes compagnons, qui n'avaient pu prendre place dans des navires trop petits et qui avaient fait le trajet par voie de terre. Du Fidaris, nous pouvions voir Patras, de l'autre côté du bras de mer, distante de dix-neuf milles. Cette ville fut le lieu de la passion d'un apôtre[129] et lors de notre venue à Constantinople, nous nous y étions arrêtés pour la visiter et adorer le saint ; cette fois, je confesse mon péché, nous omîmes de le faire. Ce fut le résultat, ô mes augustes seigneurs, de mon ineffable désir de rentrer

---

125. Le 2 octobre, au soir.
126. Citation de Térence, *Eunuque,* 770.
127. Le 23 novembre.
128. Il s'agit du fleuve Évinos, près du Golfe de Corinthe.
129. Il s'agit de saint André – voir plus bas.

auprès de vous et de vous voir ; et sans cette excuse, j'aurais sans doute, je pense, disparu pour toujours.

L'Auster se leva contre moi, pauvre insensé, et son souffle agita la mer jusqu'aux tréfonds[130]. Comme la tempête durait sans arrêt jour et nuit, la veille des calendes de décembre[131] (le jour même de la passion du saint), je compris qu'elle était la punition de ma faute. *Seule la terreur me fit comprendre la révélation*[132]. La faim nous accablait terriblement. Les habitants du cru songeaient à nous tuer pour s'emparer de nos biens. La mer bouillonnait afin que nous ne puissions fuir. Alors je me tournai vers l'église, que je pouvais voir, et, avec force larmes et sanglots, je dis :

« Saint apôtre André, je suis le serviteur de ton compagnon de pêche, de ton confrère en apostolat Simon Pierre. Je ne me suis pas détourné du lieu de ta passion et je ne l'ai pas méprisé par orgueil : seul l'ordre de mes augustes seigneurs, seul l'amour que j'ai pour eux me font brûler de rentrer à la maison. Si mon péché a engendré ton indignation, que le mérite de mes augustes seigneurs t'incite à la miséricorde. Tu n'as rien à reprocher à ton frère ; aide avec ton frère les augustes princes qui l'aiment, pour l'amour de Celui qui connaît toutes choses. Tu sais, toi, au prix de quelles peines, de quelles fatigues, de quelles veilles et de quelles dépenses ils ont arraché aux mains des impies l'église romaine de ton frère, l'apôtre Pierre et combien ils l'ont enrichie, honorée, exaltée et rétablie dans sa situation première. Si mes actes me mènent à ma perte, qu'au moins leurs mérites me délivrent ! Ton frère par la foi et le sang, le prince des apôtres, l'apôtre Pierre, veut qu'ils se réjouissent et qu'ils

---

130. L'Auster est un vent du sud.
131. Le 30 novembre.
132. Citation d'Isaïe, 28,19.

prospèrent en toutes choses et ne veut pas les voir s'affliger dans le cas présent, c'est-à-dire en ma personne, qu'ils ont envoyée eux-mêmes en mission. »

Ce n'est pas là, ô mes augustes empereurs, mes seigneurs, ce n'est pas là de l'adulation, je vous le dis en vérité, et je ne *couds pas de mes mains des coussinets pour les glisser sous votre coude*[133] ; la chose, dis-je, est vraie. Au bout de deux jours, grâce à vos mérites, le détroit était apaisé et si tranquille que, malgré la défection de nos matelots, nous pûmes traverser nous-mêmes jusqu'à Leucade, à savoir une distance de cent quarante milles, sans le moindre danger et sans le moindre déboire, mises à part quelques difficultés devant l'embouchure de l'Acheloüs, qui déverse avec rapidité ses flots sur les ondes marines qui les repoussent.

Qu'offrirez-vous donc au Seigneur, ô mes puissants et augustes seigneurs, en retour de tous les bienfaits dont il vous a comblé à travers ma personne ? Je vais vous le dire. Voici ce que Dieu veut, voici ce qu'il réclame ; quoiqu'il puisse le faire lui-même, sans votre aide, il veut néanmoins que vous soyez ses *hypurgos*, c'est-à-dire ses serviteurs en cette affaire : car c'est Lui qui donne ce qui Lui sera offert, c'est Lui qui nous conserve ce qu'Il exige, afin de pouvoir couronner ceux qu'Il protège. Prêtez donc attention, je vous le demande.

Nicéphore, qui se comporte en impie envers toutes les églises, a ordonné, en raison de son immense jalousie envers vous, au patriarche de Constantinople d'ériger l'église d'Otrante en archevêché et de célébrer les mystères divins dans toute l'Apulie et la Calabre non plus en

---

133. Ce passage, issu d'Ézéchiel, 13,18 (« Malheur à ceux qui cousent des rubans sur tous les poignets »), est une allusion aux effets des magiciens et des illusionnistes qui pratiquaient leur art trompeur au moyen de bandelettes et de rubans. Liutprand veut souligner qu'il ne cherche pas à tromper ses maîtres.

latin mais en grec. Il dit que les papes précédents furent des marchands qui vendaient le Saint-Esprit, à travers lequel toute chose est vivifiée et régie, *qui remplit le monde et qui a connaissance de chaque mot*[134], qui est avec Dieu le Père et son Fils Jésus-Christ coéternel et consubstantiel, sans commencement, sans fin, vrai en tout temps, qui n'a pas de prix et n'est acquis que par ceux qui ont un cœur pur, dans la mesure du prix qu'ils lui attachent. Ainsi, Polyeucte, le patriarche de Constantinople, a rédigé à l'évêque d'Otrante un privilège lui donnant le droit de nommer, sous son autorité, les évêques à Acerenza, Tursi, Gravina, Matera, Triarico, dont la nomination incombe normalement au Seigneur Apostolique.

Mais pourquoi prendre même la peine de rappeler cela, puisque l'Église de Constantinople elle-même est soumise à bon droit à notre sainte Église catholique et apostolique de Rome ? Nous savons et même nous voyons que l'évêque de Constantinople ne peut porter le *pallium* qu'avec la permission de notre saint-père. Il est vrai que quand Albéric, impie entre tous, rempli d'une cupidité qui se déversait non pas goutte à goutte mais comme un torrent, usurpa le pouvoir dans la cité romaine et mit le seigneur apostolique sous clé comme s'il eût été son esclave, l'empereur Romain institua patriarche son fils, l'eunuque Théophylacte[135] ; comme il avait bien conscience de la cupidité d'Albéric, il lui

134. Passage du Livre de la Sagesse, 1,7.
135. Le patriarche de Constantinople n'a que très peu à demander son droit au pape de Rome. En réalité, Théophylacte avait été fait patriarche, à 15 ans, en 933 : pour imposer le choix de son fils à l'église byzantine, Romain Lécapène eut en effet recours aux évêques de Rome. Mais concernant le *pallium*, longue écharpe blanche à croix noires, Liutprand commet une erreur. Si, du côté latin, le *pallium* représente la délégation des pouvoirs à tout évêque par le pape, il n'en est rien à Byzance, même si tous les évêques le portent depuis toujours.

envoya des présents assez considérables afin qu'il envoie une lettre au patriarche Théophylacte, de la part du pape, qui l'autorisait, lui et ses successeurs, à revêtir le *pallium* sans l'assentiment du pape. Cet odieux commerce fut à l'origine de cette coutume haïssable qui fait que non seulement les patriarches mais également les évêques de toute la Grèce portent le *pallium*. Point n'est besoin de censeur pour fustiger l'absurdité de cette pratique !

Mon conseil est donc d'organiser un saint synode et d'y convoquer Polyeucte. S'il refuse de venir et de faire amende honorable, selon la règle canonique, pour ses *sphalmata*, c'est-à-dire ses fautes énoncées ci-dessus, qu'il s'ensuive ce que prévoient les très saints canons.

Vous, cependant, ô mes seigneurs augustes et très puissants, poursuivez ce que vous avez entrepris ; faites en sorte que, si Nicéphore refuse de nous obéir, lui que nous nous apprêtons à attaquer canoniquement, il vous entende vous, dont il n'ose pas affronter les armées, pâle comme un cadavre. Voici, dis-je, ce que les apôtres, nos seigneurs et nos compagnons d'armes, veulent que nous fassions. La place de Rome ne doit en aucun cas être aux mains des vils Grecs, puisque l'empereur Constantin l'a abandonnée[136] ; au contraire nous devons l'honorer, la vénérer et l'adorer, parce que les saints et doctes apôtres, Pierre et Paul, y sont venus. Mais que ce que j'ai écrit sur eux suffise, puisque, après avoir échappé aux mains des Grecs, grâce à Dieu et aux prières des très saints apôtres, je reviens auprès de vous ; et alors il ne me déplaira pas de vous dire ce que la paresse m'empêche actuellement d'écrire. Mais revenons à notre propos.

Le 8 des ides de décembre[137], nous arrivâmes à

---

136. C'est là encore une allusion à la *Donation de Constantin*. Voir la note 48, p. 60.
137. Le 6 décembre.

Leucade[138], où nous fûmes accueillis et traités de manière particulièrement inhumaine, comme d'ailleurs partout ailleurs, par l'évêque de l'endroit, un eunuque. Dans toute la Grèce, je dis la vérité, sans mentir, on ne peut trouver d'évêques hospitaliers ; ils sont dans le même temps riches et pauvres : riches de pièces d'or dont *leurs coffres sont pleins et qu'ils destinent au jeu*[139] ; pauvres en serviteurs et en objets de culte. Ils s'assoient seuls à une table nue, avec un biscuit devant eux et boivent ou plutôt sirotent de la piquette dans un verre tout simple ; ils vendent et ils achètent eux-mêmes, ouvrent et ferment eux-mêmes les portes ; ils sont leurs propres échansons, leurs propres écuyers, leurs propres eunuques[140], ah, pardon : je voulais écrire aubergiste mais la réalité m'a poussé à écrire la vérité, malgré moi. Nous le disons en effet parce qu'ils sont *capones*, c'est-à-dire eunuques, ce qui va à l'encontre des règles canoniques ; ils sont également *caupones*, c'est-à-dire aubergistes, ce qui va aussi à l'encontre des règles canoniques, car c'est la laitue qui ouvre et qui ferme leurs dîners sans fin, *cette laitue qui avait coutume de terminer les dîners de nos aïeux*[141] ! Je les considérerai ces pauvres comme heureux, si leur pauvreté imitait celle du Christ ; mais la cause en est *l'âpre denier*, et *l'exécrable appétit de l'or*[142]. Que Dieu pourtant les épargne ! Je pense qu'ils agissent ainsi parce que leurs églises sont soumises à des tributs. L'évêque de Leucade m'a juré que chaque année, son église devait verser cent pièces d'or à Nicéphore, et les autres églises plus ou moins la même chose, en fonction de leurs ressources. L'iniquité de ces taxes est

---

138. L'une des îles ioniennes, dans la mer Adriatique.
139. Extrait inspiré par Juvénal, *Satires*, I, 90.
140. Jeu de mots impossible à rendre en français entre *capo*, l'eunuque et *caupo*, l'aubergiste (*NdT*).
141. Phrase de Martial, *Épigrammes*, XIII, 14.
142. Un renvoi à Virgile, *Énéide*, III, 57.

démontrée par les actes de notre très saint père Joseph[143], qui, lors de la famine, assujettit l'Égypte tout entière à l'impôt de Pharaon, mais en exempta les propriétés des prêtres.

Le 19 des calendes de janvier[144], nous quittâmes Leucade et nous naviguâmes nous-mêmes, puisque, comme je l'ai dit plus haut, nos matelots avaient pris la fuite ; nous arrivâmes le 15 à Corfou ; là, avant même d'avoir débarqué, vint à nous un certain Michel Chersonite, c'est-à-dire originaire de Cherson, le stratège[145]. C'était un homme aux cheveux blancs, au visage hilare, aux paroles douces, toujours prêt à rire mais, comme le démontra la suite des événements, à l'esprit diabolique ; cela, Dieu me le révéla par des indices clairs, du moins si mon esprit avait été à même de réfléchir. Peu après en effet, comme il me donnait un baiser de paix, dont il ne voulait pas en son cœur, toute l'île, et c'est une grande île, se mit à trembler ; et la terre ne trembla pas seulement une fois mais trois fois le même jour. Quatre jours après, le 11 des calendes de janvier[146], alors que j'étais assis à table et que je mangeais du pain, *pendant qu'il méditait déjà de m'écraser sous son talon*[147], le soleil eut honte d'un crime si indigne et cacha les rayons de sa lumière ; il y eut alors une éclipse qui terrorisa Michel mais ne le changea pas[148].

---

143. Joseph, en effet, fut ministre de Pharaon : on peut en lire le récit dans la Genèse, 37-47.

144. Le 14 décembre.

145. Cherson était une ville dépendante de l'Empire byzantin, en Crimée, sur la mer Noire. Un stratège est un gouverneur de la région, aux fonctions militaires.

146. Le 18 décembre.

147. Expression de Saint Augustin, *La Cité de Dieu*, XVII, 18.

148. Tremblement de terre et éclipse confirmés par les chroniqueurs grecs.

Je vais vous dire maintenant ce que je fis pour lui par amitié et ce que je reçus de lui en guise de récompense. Lors de mon départ pour Constantinople, j'avais offert au fils de cet homme ce bouclier doré de très grande valeur, œuvre d'un art consommé, que vous m'aviez donné, ô mes augustes seigneurs, parmi d'autres présents à offrir à mes amis grecs ; à l'heure de mon retour de Constantinople, j'offris au père un manteau extrêmement précieux. En retour, voici les grâces dont il me combla. Nicéphore lui avait écrit pour lui ordonner la chose suivante : quel que fût le moment où je me présentais, il me devait me faire embarquer dans une galère et m'envoyer au *kitonite* Léon ; il ne le fit pas mais il me retint vingt jours et me contraint à me nourrir de mes propres deniers et non des siens, jusqu'à ce qu'arrive un messager de Léon, qui lui fit le reproche de m'avoir par trop retardé. Comme il ne pouvait plus supporter mes reproches, mes lamentations et mes soupirs, il repartit et m'abandonna à cet homme aussi inique qu'infâme, qui ne me permit pas d'acheter la moindre nourriture avant que je lui eusse offert une coupe d'une valeur d'une livre d'argent ; et quand je repartis, après vingt jours de rétention, ce même envoyé, à qui j'avais offert la coupe, ordonna au capitaine de me déposer après un *acroteria*, c'est-à-dire un promontoire et m'y laisser mourir de faim. La raison pour cela était qu'après avoir fait fouiller tous mes manteaux, pour voir si je n'en dissimulais pas qui fussent en pourpre, il n'avait pas réussi à s'en faire offrir un.

Ô Michel, ô tous les Michel ! Combien en ai-je rencontrés qui portaient le même nom et tous semblables entre eux[149] ! L'envoyé de Constantinople Michel me

---

149. Ce prénom était en effet extrêmement répandu à l'époque à Byzance.

laissa aux mains de son rival, un autre Michel, le méchant laissant la place à l'infâme, et l'infâme à l'inique. Mon *diasôstis*[150] s'appelait également Michel, homme simple il est vrai, mais dont la sainte simplicité me nuisit presque autant que la perversité des autres. Mais après tous ces petits Michel, je tombai sur toi, le grand Michel, mi-ermite, mi-moine. Je le dis, et je le répète : la piquette que tu bois assidûment pour l'amour de saint Jean le Précurseur ne te servira à rien. Car ceux qui font semblant de chercher Dieu méritent de ne jamais le trouver[151] <...>

Épilogue

Cette ambassade ratée fut suivie d'autres négociations qui aboutirent à l'union de Théophano et d'Otton II. Nicéphore Phocas venait d'être assassiné et remplacé à la tête de l'Empire par le second grand général byzantin du moment, Jean Tzimiscès. Celui-ci accepta le mariage.

Il fut célébré à Rome le 14 avril 972 ; Théophano se rendit dans la Ville Éternelle avec une cour fastueuse qui rehaussa le prestige de l'empire d'Occident.

Otton III, « l'empereur de l'an mil », fruit de cette union de l'Orient et de l'Occident, tenta de raviver autour de sa personne le souvenir de l'Empire romain indivis. Il choisit de vivre en terre italienne et fut soutenu dans ses entreprises par Gerbert d'Aurillac qui, élu pape, prit le nom de Sylvestre, à l'imitation du pape réputé avoir baptisé jadis Constantin Ier. Otton, aux côtés de ce nouveau Sylvestre, put, pour un temps, se sentir un nouveau Constantin.

---

150. Il s'agit sans doute de son guide.
151. Le texte de Liutprand se termine brusquement ici.

Table des matières

Présentation, par Sandrine Lerou 11
Première ambassade 31
Deuxième ambassade 43

Achevé d'imprimer en janvier 2005
sur les presses de la Manutention
à Mayenne
N° 22-05

Imprimé en France

Dépôt légal : février 2005